シリーズ「遺跡を学ぶ」025

石槍革命

八風山遺跡群

須藤隆司

新泉社

石槍革命
―八風山遺跡群―
須藤隆司

【目次】

第1章　厚い火山灰の下に

1　石槍製作跡の発見

佐久平に旧石器時代の遺跡はない?

「佐久平《さくだいら》には旧石器時代の遺跡はないよ」

群馬生まれで旧石器時代の研究をしているわたしが佐久市教育委員会に就職して、地元の研究者から最初にいわれた言葉である。

その理由は、佐久盆地の北にそびえる活火山、浅間山《あさまやま》の存在である。記憶に新しい二〇〇四年の噴火は、浅間山が一級活火山であることを再認識させたが、一万三〇〇〇年前、想像を絶する大噴火があった。浅間第一軽石流《かるいしりゅう》とよばれる大火砕流が山麓をかけくだり、佐久盆地の北部台地を埋めつくした。その堆積は三〇メートルにもおよぶ。現在、「田切《たぎり》地形」という箱型に切り立った台地があるが（図1）、それはそのときのもろい軽石流堆積物が垂直に浸食された結果である。

　佐久平に旧石器時代の遺跡がないという言葉の真意は、三〇メートル以上も掘らなければ遺跡が確認できないということだ。軽石流堆積物は一気につもった地層だから、いくら掘っても石器がでるはずがない。

　それにくらべて、佐久盆地（図2）の東部山地は浅間山の降下火山灰《こうかかざんばい》、南西部の蓼《たて》科《しな》山麓は八ヶ岳火山の降下火山灰で形成されているため、旧石器時代遺跡の存在は十分に予測できた。

　空から降った火山灰が数万年の歳月をかけて遺跡を土中にとじこめたからだ。しかし、そこでも鬱蒼《うっそう》とした山林が火山灰に深く埋もれた遺跡の確認を拒絶した。

「佐久平で旧石器時代の遺跡を確認するのは不可能に近いよ」ということである。しかし、大規模開発の波が事態を一変させた。

図１ ● 浅間山と田切地形
手前のうねるように切り立った崖が田切地形。

槍の穂先のような黒い石

わたしが佐久に入るのと同時に、大規模開発の波が群馬・長野県境の東部山地におよんだ。上《じょう》信越《しんえつ》自動車道の建設である。

長野県埋蔵文化財センター佐久調査事務所は、一九八八年四月から八風山《はっぷうさん》トンネルの出口で、下《しも》茂内《もうち》遺跡と名づけられた縄文時代の遺跡を調査していた。標高九〇〇メートルをこえる山間地での試掘調査は山林に阻まれ、小規模遺跡の確認に止まっていた。ところが、山林を伐採して調査が進行するにつれて、広大な遺跡であることが判明し、より深い地層から遺物が出土し、ついに旧石器時代の降下火山灰層であるローム層から石槍《いしやり》が掘り出されたのである（図3右）。

発見者の近藤尚義《なおよし》は、ローム層中から出土したので古い石器と確信したが、石槍といっても大型厚手で〝ごつい〟なりで、黒曜石のようには輝かない黒い石に不思議さを感じたという。

図2 ● 八風山遺跡群の位置
八風山は関東山地の西北部、長野県佐久市の東部山地に位置し、その西南山麓の石材原産地にある石器製作遺跡群が八風山遺跡群である。

この発見の重要性は、ガラス質黒色《こくしょく》安山岩《あんざんがん》とよばれるその黒い原石が遺跡の眼下を流れる香坂川《こうさかがわ》に多量にあること、ごつい石槍は製作途中に問題が生じて捨てられた未完成品であったこと、その製作の過程で生じた数万を数える石屑《いしくず》が残されていたことである。すなわち、石器に使われる石材原産地の確認と、原産地における石槍製作遺跡の発見である。

同年一一月二三日、長野県考古学会旧石器部会創立総会として下茂内遺跡見学（図3左）に集った長野県の研究者から、「須藤さんが佐久に旧石器をつれてきたね」と真顔でいわれた。「旧石器の遺跡はないよ」と最初にいわれていたのだから、がぜん探索意欲がわいてきたことはいうまでもない。

ガラス質黒色安山岩原産地を背景とした製作遺跡、それが下茂内遺跡一カ所だけであるはずがない。大規模な遺跡群が存在するはずだ。翌年の晩秋、はからずも、その予測を現実化する遺跡確認依頼が佐久市教育委員会に届いた。

リゾート開発の事前調査

東京のリゾート開発会社が、八風山西南山麓（図4）を含

図3 ● 下茂内遺跡の石槍（右）と集った長野県考古学会旧石器部会のメンバー
製作途中で折れた未完成品（長さ 17.5cm）。座って説明しているのが近藤尚義。

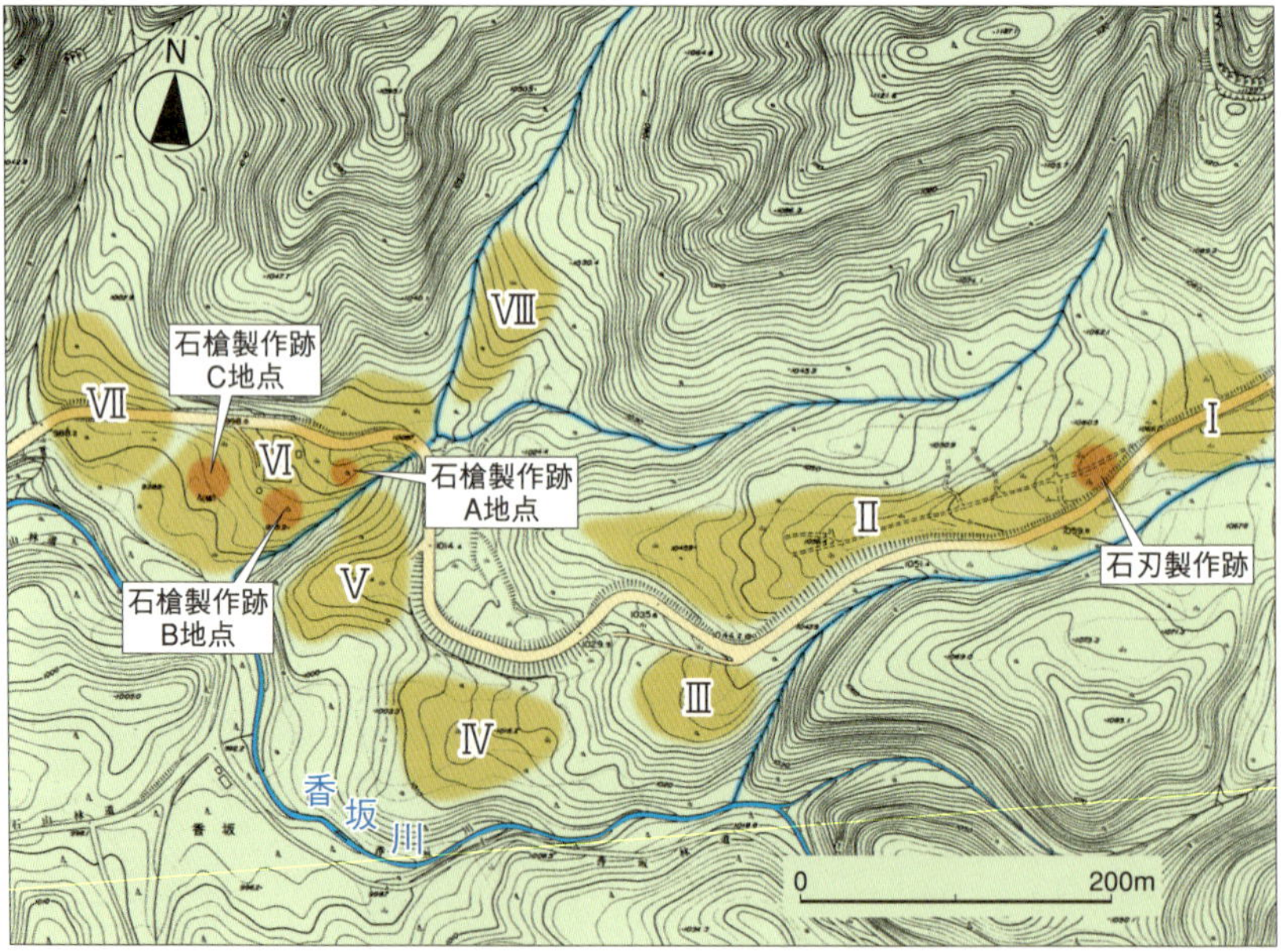

図4 ● 八風山遺跡群

Ⅰ遺跡とⅥ遺跡A・B・C地点が石槍製作跡。Ⅱ遺跡は石刃製作跡と縄文時代の陥し穴群。Ⅲ～Ⅴ・Ⅶ・Ⅷ遺跡は縄文時代の石器製作跡。

む佐久市香坂地籍に面積七五万平方メートルの大規模リゾート開発を計画した。その範囲にはどれほどの遺跡があるのか。一九九〇年三月二七日、たった一日の強行軍であったが一〇名ほどのメンバーで分布調査を実施した。わたしはなぜか八風山西南山麓以外の範囲を担当している。くわしい経緯はおぼえていないが、「欲ばりものは損をする」ということで、無欲冷静な調査員に託したのかもしれない。

結果は思惑通りで、八風山調査班はガラス質黒色安山岩の石槍一点（図5）と、その「調《ちょう》整剥片《せいはくへん》」数点を携えて意気揚々と事務所に戻ってきた。調整剥片とは、石槍製作の過程で生じる石屑のことだ。後に八風山Ⅰ遺跡と命名したその場所は、幸か不幸か、遺跡の中央部に道路が建設されており、切り通しの断面から遺物を採取することができたのである。また、八風山遺跡群の範囲は標高一〇〇〇メートル前後の山間地だが、畑地として利用された歴史があり、遺跡確認の条件は備えられていた。

一九九一年秋、試掘調査を開始する。最近の試掘調査は重機を用いて表土を除去し、遺構・遺物の確認をおこなうのが一般的だが、旧耕作土の表土中にも石器が含まれていたため、二メートル四方のテストピットを設定し、表土から手掘りでローム層上部まで掘り下げた。もとは畑といえども、身《み》の丈《たけ》以上の草におおわ

図5 ● 八風山Ⅰ遺跡で最初に発見された石槍
切り通しの崖でみつかった。製作途中で先端が折れてしまったため、表面の加工は粗く、石器の幅が広い（長さ10.5cm）。

れ原野と化した場所での調査は困難をきわめた。標高一〇〇〇メートルの秋は霧中《むちゅう》で、広範囲に配した調査員の位置確認に戸惑った。そんな折り、小熊が道路に飛び出してきた。山栗の豊富な原野は熊の巣窟であった。もし親熊と出会い頭に遭遇していたら……。無事調査を終了でき安堵の思いであったが、退散したのは熊のほうであった。一番怖いのは人ということらしい。

一六万平方メートルの開発対象範囲に五〇カ所のテストピットを設定して、確認できた遺跡は八カ所である。遺跡の名称は字名を用いるのが一般的だが、八風山ガラス質黒色安山岩原産地遺跡群の総称として「八風山遺跡群」とし、個別をⅠ遺跡からⅧ遺跡と命名した。石槍製作《いしやりせいさく》跡《あと》が確認された遺跡は、八風山Ⅰ遺跡と八風山Ⅵ遺跡の二カ所である（図4参照）。

とてつもない石槍製作跡

このリゾート開発の目的は日本最大規模のオートキャンプ場の建設であったが、遺跡確認調査の結果をもとに、自然地形を生かし遺跡保存を前提とした設計変更を依頼した。とくに八風山Ⅰ・Ⅵ遺跡で石槍製作跡が確認できた範囲の保存を最優先に検討してもらった。こうして八風山Ⅰ・Ⅵ遺跡の石槍製作跡は保存された。

ところがその保存対策が思わぬ結果を招くこととなる。八風山Ⅵ遺跡の石槍製作跡の確認地点（C地点）は、香坂川に沢筋《さわすじ》が合流する低位段丘《ていいだんきゅう》にあったため、開発地点をより沢筋に近い低地部に変更してもらった。低地部には遺跡が存在しないだろうという先入観があった。

しかし、予想に反し、沢筋できわめて遺存状態の良好な石槍製作跡（B地点）を発見した

（図6）。石器製作遺跡の立地は集落遺跡とは明らかに異なることを痛感した。一九九四年真夏、後の流れで消失することなく奇跡的に残された石槍製作跡を掘り出した（図7）。

石器は堆積中に霜などの影響を受けて上下に拡散するため、出土した面を残すと、平面上にあるべきものが高さのちがう土柱となるのが通常だ。ところがB地点では、同一平面に密着して石器群が残されていた。石槍製作過程で生じた大小の剥片《はくへん》が累々と積み重なり、その隙間には微細な砕片《さいへん》がぎっしりと詰まっていた。まるで一つの固まりのように残された石槍製作の石屑を沢の清流で洗った。迫力のある写真が撮れた。

日本最古の石刃

一方、八風山I遺跡は、尾根上の平坦面にあった。じつはこの立地も現状の見せかけで、低地であったことが後に判明するのだが、I遺跡の広がりを保存

図6 ● 八風山VI遺跡の地形
大きな礫が帯状に分布しているのが過去に存在した沢の流れ。石槍製作跡は写真中央のあたりで、手前のスポット1～3は調査が終了して存在しない。奥にスポット4（図7上）がある。

製作途中で折れた大型石槍。
沢の清流で洗うと青光りした。

大小の調整剥片がびっしりと
積み重なったスポット4

図7 ● 八風山Ⅵ遺跡B地点の石槍製作跡

するために、当初遺跡想定範囲に計画された丘陵を断ち切る道路をやせ尾根部に移動した。現地表面の平坦部はわずかで、表土を除去すると、その斜面地形を利用した縄文時代の陥し穴があらわれた。八風山Ⅱ遺跡とした場所で、縄文時代前期の陥し穴群の広がりが確認され、石槍製作跡はみつからなかった。通常はそこで調査を終了するが、道路建設のため丘陵をより深く掘削する必要があった。

　手掘りでは掘り抜くことが困難な厚く堅い二万年前の浅間《あさま》板鼻《いたはな》褐色《かっしょく》軽石群《かるいしぐん》を重機で掘削し、下層の堆積状態を確認した（図８）。すると、二万五〇〇〇年前の鹿児島湾を給源とする姶良《あいら》丹沢《たんざわ》火山灰《かざんばい》（ＡＴ）、八ヶ岳を給源とする八ヶ岳新期第Ⅳ火山灰がつぎつぎに確認され、深くなるほど地形が平になった。そして八ヶ岳新期第Ⅳ火山灰の下から、ついに石器が出た。

　最初にガラス質黒色安山岩の剥片数点を重機で掘り出したが、ガラス質黒色安山岩は自然堆積でも剥片様のものがある。しかし、新発見の契機は不思議で、そ

図８ ● 八風山Ⅱ遺跡の地層と石器群
土の柱の上に石器がある。もとは平面にあった石器が土中で上下に拡散したため。
本書における年代は放射性炭素測定年代による。現在、その測定年代を較正した暦年代推定が進展し、暦年代は測定年代より数千年古くなる傾向が示されている。

の地層に自然ではあるはずがない黄玉《きだま》（鉄石英《てつせきえい》）の石刃《せきじん》が重機に引っかかった。これが予想をはるかにこえた最古の石刃製作遺跡発見の瞬間である。

試掘調査時の所見では、姶良丹沢火山灰以前の堆積は良好でなく、遺跡の存在するような地形は残っていないだろうと考えていた。火山灰研究の第一人者である古環境研究所の早田勉《そうだつとむ》にも助言を得て信じ込んでいた。道路工事で深く削るから、それが発見の唯一の要因である。

事態は急を要した。「遺跡の可能性がないから工事に着手してもいいですよ」。石器が出た日の朝、わたしが工事担当者にすでに伝えていた言葉だ。一二月上旬の標高一〇〇〇メートルをこえる調査地点は風が吹けば霜柱が成長し、木々に氷の花が咲いた。一九九四年初冬、何とか確保した二週間の調査は、発見の感動とともにさながら氷河期のなかにいた。

2　巨大母岩の復元

ガラス質黒色安山岩とは

関東山地の北西部に位置する群馬・長野県境に標高一三一五メートルの八風山がある。その山頂は約五〇〇万年前の火山噴出物である八風山溶岩に覆われている。八風山遺跡群の存在する八風山西南山麓の緩斜面には香坂川に合流する幾筋もの沢がある。その沢には黒くて大型の角礫《かくれき》が豊富に存在する（図9）。山頂から崩落して山麓に堆積した八風山溶岩の岩屑《いわくず》を沢が洗い出したためである。その黒い石はガラス質黒色安山岩とよばれる。一般の安山岩とは異なり、

「ガラス質」であることを最大の特徴とする。天然のガラスである黒曜石と同様に鋭利な石片《せきへん》に打ち割ることが可能である。そして、八風山遺跡群にある原石は、発達した石目《いしめ》で板状に分割できる大型角礫を特徴とする。

執念の接合作業

石器製作技術の研究でもっとも有効な方法として石器接合資料の復元がある。打ち剥がされた石片を相互に合わせて一つの原石に復元できれば、一つの原石から展開された製作技術の具体的なプロセスを知ることができるからだ。

接合作業の手順は、第一に石器群を同一の原石単位に分類する。その場合、色や質感が基準となるが、ガラス質黒色安山岩は一様に黒く個性に乏しい。新鮮な割れ口は漆黒の光沢を有するが、遺跡から出土したものは風化のため光沢がなく灰色がかったものが多い。八風山Ⅱ遺跡の石刃石器群、八風山Ⅵ遺跡の石槍石器群は比較的黒色に近いものが多かったが、同一の原石でも風化面は一様ではなかった。風化によって同じものでも見た目がちがう。困難をきわめた。それでも、夾雑物《きょうざつぶつ》の違い、白い縞《しま》の入り方などわずかなちがいがあることに気づいた。また、石器群の出土場所はいくつかの限られた範囲に密集し

図９●沢の原石
中央の黒光りするのがガラス質黒色安山岩。大きさに注目。

ていた。原石単位の製作場所であろうという直感があった。密集範囲にある石器相互を手がかりに、一人で執念の接合作業を開始した。

石刃技法の原石の復元

八風山Ⅱ遺跡の石器製作技術は「石刃《せきじん》技法《ぎほう》」という。原石から剥がされた石片を剥片とよび、その剥離方法を「剥片《はくへん》剥離《はくり》技術《ぎじゅつ》」とよぶ。剥片には幅の二倍以上の長さをもつ特徴的な縦長剥片が存在する。「石刃」とはその縦長剥片の名前で、石刃技法とは石刃を剥離する技術である。その剥離過程を簡単に説明すると、まず製作の単位となる「石核《せっかく》」とよぶ原材を用意して、石刃を連続的に打ち剥がす。石刃剥離が不可能となった石核は残核として製作場所に捨てられる。だから、残核とそこから剥がされた複数の石刃が存在すれば、それらを接合して石核の状態に復元することができる。

各密集範囲には予想どおりに残核が存在し、多くの石刃が接合して、石核に復元された（図10上）。しかし、礫面でおおわれた一つの原石にもどることはなかった。復元された石核個々は板状の分割礫であった。この石核同士が接合するのでは……。またしても予想は的中した。複数の密集範囲に分散していた石核相互は接合し巨大な原石にもどった（図10下）。

母岩1とした資料は、石刃製作に用いられずに残された分割礫が大半を占めるが、五個の石核が接合し長さ約四三センチ、幅約二八センチ、厚さ約二〇センチ、重さ二四キログラムの巨大な角礫（接合資料総数二四二点）に復元された。

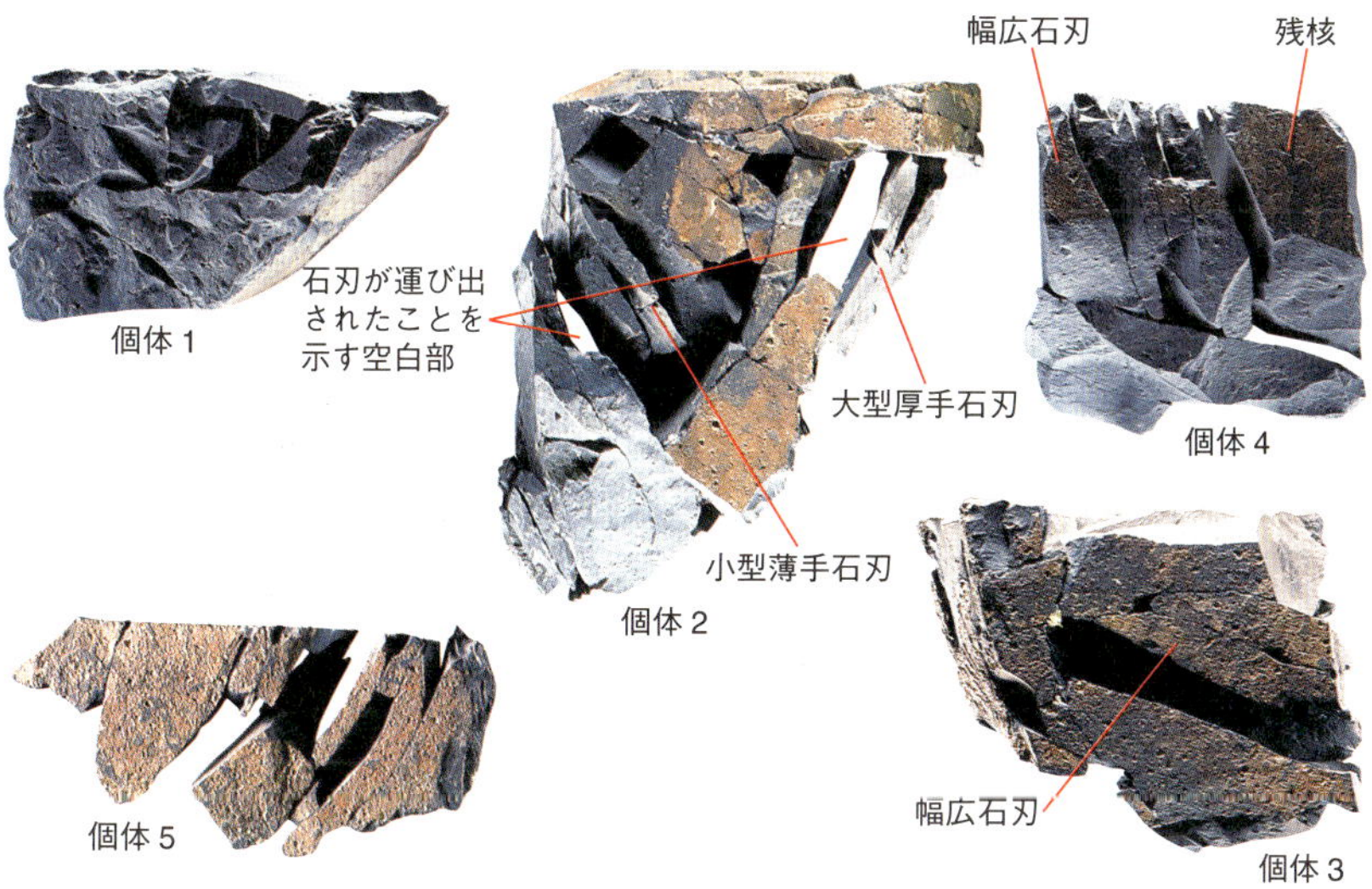

図 10 ● 原石までに接合復元された母岩１と５つの石核
多くの石刃が、残核に接合したのが個体（石核）１ - ５（写真上）で、
それらの個体が接合して原石にもどったのが母岩１（写真下）。

ただ、隙間のない完全な原石に復元されたわけではない。各密集範囲で石核の復元をおこなっていると数本の石刃が抜けた空白部分が生じる。また、それと正反対に残核に接合しない良質の石刃が残る。それはなぜか。一つの結論は、残核が密集範囲相互で接合したように、他の密集範囲の残核に接合した。つまり、石刃が製作場所から移されていたのである。

それでも接合しない石刃がある。しかもそれは最上級の石刃だ。別の製作場所から持ち込まれたものとしか考えようがない。すると、石核の空白部は別の遺跡に移された石刃の存在を示唆する。事実、空白部には良質の石刃が想定される（図10上）。

接合資料の醍醐味は「存在するもの」から製作技術の「本質」が、「存在しないもの」から社会の「仕組み」を垣間見れることだ。本書の重要なテーマである。

両面調整技術の原石の復元

一方、八風山Ⅵ遺跡B地点の石槍製作技術は「両面調整技術《りょうめんちょうせいぎじゅつ》」である。石刃技法と比較するとあらゆる面で対照的だ。石刃技法は打ち剥がされた石片が石器で残核は石屑であるが、両面調整技術は、打ち剥がされた石片は石屑で、残された石核を石器にする。石刃技法は同一面、同一方向からの連続的打ち剥がしだが、両面調整技術は表裏面、多方向のからの重複的打ち剥がしである。B地点の両面調整石器は、左右の側面に打撃を加え、表裏面から大小の鱗状《うろこじょう》石片を打ちとり、鋭い先端と側縁が作り出された大型でかつ薄い精巧な石槍である。製作手順の手数が多いだけ、膨大な量の石屑が残された。B地点には極微細な石屑まで含めると四万点の調整剥片が残されていた（図７参照）。

Ｂ地点の接合作業も密集範囲にある石器相互を手がかりとした。理屈は石刃石器群と同じだ。しかし、要した時間と集中力は並大抵ではない。完成品に近い石槍の剥離面は無数に存在し、打ち剥がされた形が直接想定できるものは微細な砕片で、大半は切り合った剥離面で構成されるため、打ち剥がされた剥片個々の接合面はごく一部に限られる。さらに完成品はほとんどが遺跡に存在していない。

つまり、目指す復元資料は本体のない中空の接合資料だ。模式的には小型調整剥片相互の接合で完成品より一まわり大きな中空の石槍ができ、それに大小の剥片が累々と積み重なり石槍の形に膨らみ、最後には原石の形にもどるはずだ。まさに三次元の立体パズルだ。

図 11 ● **大型で優美な石槍製作を伝える会心の接合資料**
白字は調整剥片１点ごとに記載した番号で、その数と位置は多くの剥片が積み重なった状況を示す。

土器の接合は、完成品が壊れたものであるから、二度と離れないように強力な接着剤を使用するが、石器の接合はその製作プロセスを知ることが目的で、強力な接着剤で固めてしまえばただの石に戻すだけだ。だから、後で水に漬ければ簡単に剥がせる糊で固定する。それが矛盾のはじまりで、支えのない中空接合は力が分散し、剥片個々の自重で分離する。接合関係にある資料が選び出せても、それを組み上げるのが一苦労であった。

図11は、母岩1個体Eとした接合資料を中央から二枚に開いた状態である。それを合わせると厚さ一センチ以下に整形された大型石槍の空白部が復元される。二二二点の資料を接合し、石槍製作素材である分割礫の状態までに復元した会心の接合資料だ。さらに、三個体の石槍製作素材を含む分割礫相互が接合して、長さ約三三センチ、幅約二九センチ、厚さ一八センチの原石である母岩1に戻された（図12）。

図 12 ● 復元されたB地点の母岩 1
個体Eに多くの分割礫が接合して原石の状態に戻された。使用されなかった分割礫が多いが、個体（分割礫）Aは製作を放棄した石槍が残されたもの。個体Dは完成された２本の石槍が運び出されたことを示す。

石器製作技術の革新の意味すること

これまでに、接合資料の復元作業過程を紹介しながら、八風山Ⅱ遺跡の石刃技法と八風山Ⅵ遺跡の両面調整技術の概略を記述した。両者は八風山産の巨大なガラス質黒色安山岩角礫の特質を生かして、石器の素材とする点は共通していた。ただし、それから先の製作技術工程は極端に対照的である。

そして、八風山Ⅱ遺跡の石刃技法は三万二〇〇〇年前にさかのぼる後期旧石器時代の開始期を象徴する技術であり、八風山Ⅵ遺跡Ｂ地点の両面調整技術は一万三〇〇〇年前の旧石器時代から縄文時代への移行期を象徴する技術である。つまり、八風山ガラス質黒色安山岩原産地に製作遺跡が形成された時期は、石器製作技術の革新が生じた時代の変革期である。

八風山Ⅱ遺跡以前の旧石器社会の状況は、二〇〇〇年一一月に前期旧石器発掘捏造が明らかになった現在、今後の発見・研究に託することとなったが、八風山Ⅵ遺跡とⅡ遺跡の比較で、旧石器社会の「進化」を指摘することができる。

しかし、Ⅵ遺跡における両面調整技術を技術革新ととらえても、用いられた材料は同じ石材であり、石器から金属器への技術革新には遠くおよばない。調整加工技術を駆使し、優美で大型の石槍が製作できても狩猟具の威力が特段に増したとも思えない。しかし、社会は確実に進化していたのである。

本書では、石器の代表を狩猟具である「石槍」に設定し、その製作技術革新である「石槍革命」から、旧石器社会の「進化」を追究し、現代社会の「進化」を問い直そう。

第2章　石槍の発明

1　最古の石刃技法

日本列島最古の石刃石器群

八風山Ⅱ遺跡の調査面積は一九九五年春におこなった調査を加えても三二〇平方メートルにすぎないが、総数五七九四点の豊富な石器群が検出された。調査地点は遺跡の外縁部と考えられ、未調査部分には数万点以上の遺物からなる大規模な石刃製作跡の広がりが推定される。

石器群が検出された地層は、前章で述べたように、浅間山の大規模噴火による厚い降下火山灰、鹿児島湾に存在した姶良火山の火山灰（AT）、八ヶ岳の火山灰に覆われ、地表から三メートルにおよぼうとする深さにあった。その深さは、二万五〇〇〇年前のAT以前であり、石器群の古さを証明する。また、石器製作跡に隣接して、焚き火跡と思われる微細な炭化物の集中範囲が存在していた。その木炭粒五点を選び、加速器質量分析法による放射性炭素年代測定をおこなったところ、得られた年代は三万二〇〇〇年前に集中した。日本列島後期旧石器時代では最古級の年代である。

石器材料はもちろんガラス質黒色安山岩が五七四四点で大半を占める。そのうち接合資料は二四個の母岩に復元された。接合資料数は二点から二七九点と格差があるが、ほぼ原石の状態までに復元された母岩1を中心に最古の石刃技法を解説しよう。

最古の石刃技法

母岩1は、前章で述べたように、二四キログラムの大型角礫に復元された接合資料だ。接合の逆をたどって石器製作の手順をみていこう。

まず不要な部分をとり除きながら、石目に則して大きく三枚の板材に分割する（図13①）。そして最初の二枚は未使用で残され、最後の一枚が使われる。この板材はさらに大きく五つに分割され、四つの分割礫が個体1から個体4の石核として用いられる。また最後の板材から初期に剥離した板状剥片も、個体5の石核に利用する。

この五個の石核に、それぞれの礫の特徴に対処したさまざまな石刃剥離工程が施されるが、その工程には原則的な手順がある。石刃を打ち剥がす面を作業面、ハンマーで打撃を加える面を打面《だめん》とよび、その両者は分割礫のより幅の狭い小口面《こぐちめん》（側面）に設けられる（図13②）。石核の表裏面は石目方向だから、作業面は石目に直交する。

作りたい石刃は縦長剥片だから、作業面は当然その規格に見合う長さと限定された幅の小口

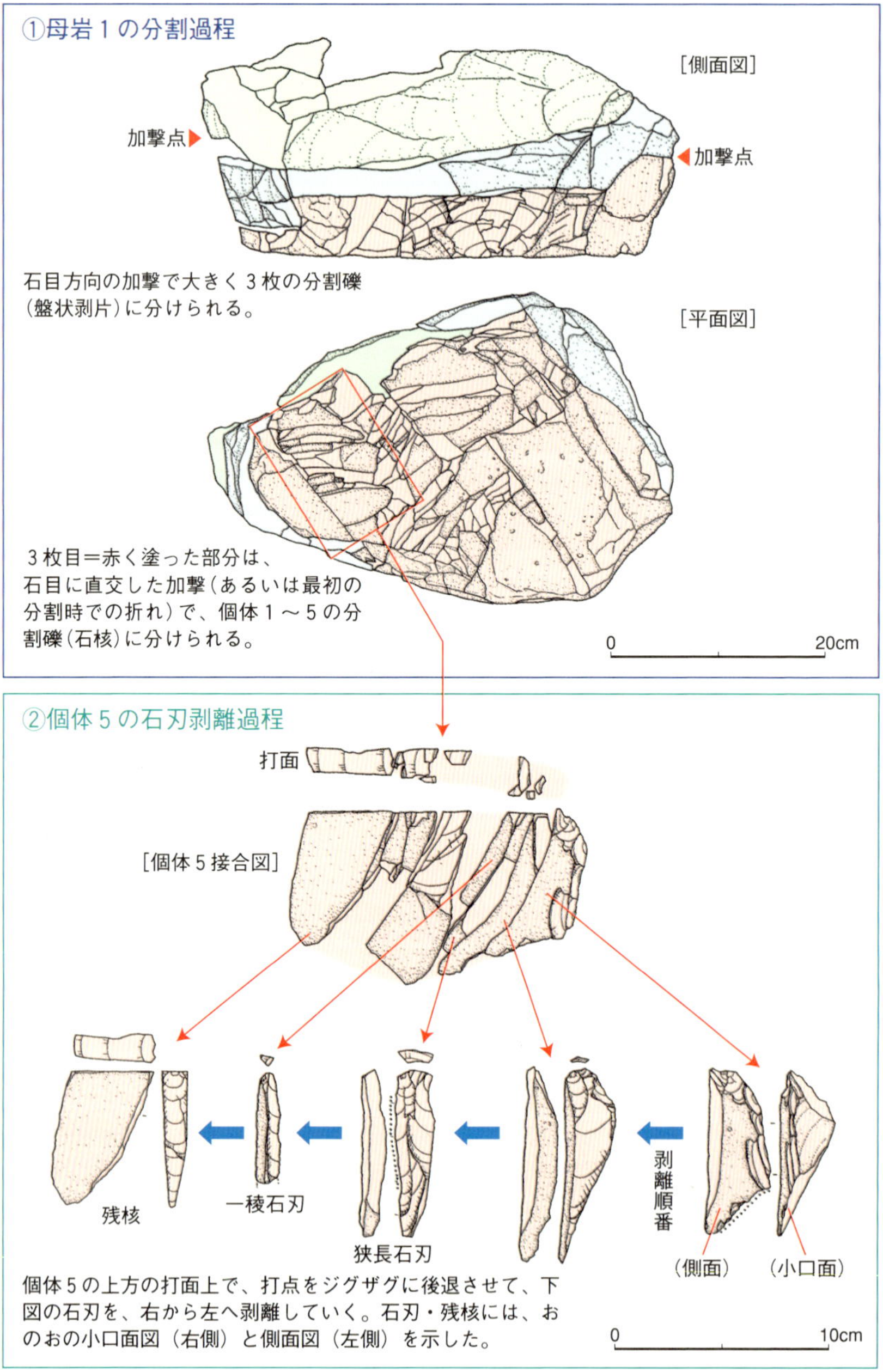
①母岩１の分割過程
［側面図］
加撃点
加撃点
石目方向の加撃で大きく３枚の分割礫
（盤状剥片）に分けられる。
［平面図］
３枚目＝赤く塗った部分は、
石目に直交した加撃（あるいは最初の
分割時での折れ）で、個体１〜５の分
割礫（石核）に分けられる。
0
20cm
②個体５の石刃剥離過程
打面
［個体５接合図］
残核
一稜石刃
狭長石刃
剥離順番
（側面）
（小口面）
個体５の上方の打面上で、打点をジグザグに後退させて、下
図の石刃を、右から左へ剥離していく。石刃・残核には、お
のおの小口面図（右側）と側面図（左側）を示した。
0
10cm

図 13 ● 最古の「小口型」石刃技法

面が選択される。その角には小口面と表裏面の交わりで、一本の縦に長い稜線《りょうせん》が存在する。その背後の打面に打撃を加えると稜線が力の導線となり、中央に一本の稜線が走る一稜石刃《いちりょうせきじん》が剥がされる。左右の角を剥離すれば作業面の中央にも一本の稜線が形成され、そこからも一稜石刃が剥離されることになる。石の物理的な割れを巧に利用する方法だ。ただ、幅を整える剥離を施していないので、石刃の形は選んだ分割礫の形と質に左右される。

母岩1・個体5は幅二センチほどだから狭長《きょうちょう》な石刃となり、一稜石刃はさわめて細身だ（図13②）。それに対して、個体3・4は幅六、七センチほどだから幅広な石刃となり、さらに夾雑物が多く均質でないことが幅広厚手石刃生産の原因と考えられる（図10参照）。

個体2では作業面の移動、打面と作業面の入れ替えをくり返して、大型幅広厚手石刃から小型狭長薄手石刃生産に推移するが（図10参照）、そこでも、石核の大きさと質の変化に対応した石刃生産過程を指摘できる。打面形成剥離からはじまる工程を象徴として、悪質な部分から良質の部分へ進行しているからだ。

最古の石刃製石槍

「真正な石刃」と定義される資料は、鋭利な刃部となる両側縁が平行し、同じく平行する二本の稜線を表面にもつ断面台形の整った二稜石刃である。その点で、八風山Ⅱ遺跡の石刃は、断面三角形の一稜石刃を特徴とする（図14）。

二稜石刃も存在するが、石核側面を片側、さらには両側の側縁《そくえん》にとり込み、急角度な刃部《じんぶ》が多い。一稜石刃でも多くは片側が急角度である。さらに、湾曲やねじれの顕著なものも多い。しかし、量産とはいえないが、先端の尖った両側縁《りょうそくえん》の鋭利な一稜石刃が存在する。この石刃こそが目的とされた形態だ。

　その先端が尖鋭な一稜石刃には、細かな打ち欠き（「調整加工」とよばれる）によって、打面部を整形した石器が存在していた。この整えられた個所を基部《きぶ》といい、長い木製の柄に装着すれば、鋭い先端と刃部からなる石の穂先をもつ槍ができあがる。

　つまり、石刃製作の最大の目的は石槍製作にあった。後に完成する石刃製石槍とくらべれば、調整加工で整えられた部分はわずかで打面も広く残され、最古とよぶのにふさわしい簡素な形であるが、

図 14 ● 八風山Ⅱ遺跡の石刃製石槍と石刃
1～7は石刃製石槍（基部加工形態、7の長さ 11.4cm）で、8～12 が石刃。石刃のうち 8～10 が、八風山Ⅱ遺跡で特徴的な、断面三角形の一稜石刃（10 は上半だけ複数の剥離がある）。11・12 は断面台形の二（複数）稜石刃で、いわゆる「真正な石刃」。断面形が不整な台形である点は最古の石刃のあらわれ。

逆にいえば、その形を作り出した石刃技法の確立に技術の革新があったのである。この歴史的意味の考察は、第5章に残しておこう。

2　最古の磨製技術

刃部が磨かれた石刃の発見

さて、発掘した資料の整理作業は、土を洗い落とす水洗作業から、出土地点を白のポスターカラーで記載する注記作業、そして接合作業で製作技術を観察・分析し、図示の実測作業へと進む。その注記作業の際に、調査員が突然「刃先が削られてる」とつぶやいた。わたしは、とっさに掘り出した時に傷をつけてしまったと思い込み、残念な気持ちでその石器を見た。ところが、表裏面のわずかな範囲だが、確実に磨いて刃先を作り出した石器であった（図15）。

石材はガラス質黒色安山岩。片側には礫面が残るが両側縁が平行で、断面が台形の鋭利な刃部をもつ、長さ七センチほどの真正な石刃である。その鋭利な右側縁には微細な刃こぼれが観察でき、刃物として切断作業に使用されたと推定される。通常の石刃はそこまでだ。ところが、石刃端部の表裏面を研磨して、蛤《はまぐり》に似た両刃が作り出されていた。なぜ、刃を磨いた石刃が八風山Ⅱ遺跡に存在するのか。

図15 ● 八風山Ⅱ遺跡の刃部磨製石刃
写真は裏面。下端の輝く部分が磨かれた刃部。

刃部磨製石斧

人類史において、砥石《といし》で磨いて石器を製作する「磨製技術《ませいぎじゅつ》」の出現は、農耕の出現とともに新石器時代を定義するとヨーロッパの研究者は考えていた。つまり、旧石器時代には磨製技術はあろうはずがなかった。ところが日本列島では、後期旧石器時代、それも開始を象徴するようにほぼ列島全域で刃部を磨いた石斧《いしおの》が発見されている。世界最古の磨製技術が存在するのだ。刃部磨製石斧の精巧品は、扁平礫《へんぺいれき》・分割礫片《ぶんかつれきへん》・部厚な剥片を素材として、その表裏面に調整加工を施して、楕円形・短冊形・バチ形に整えられた石器だ。いわば、両面調整技術によって製作された石器だ。しかし、その両面調整技術は石槍製作における技術とは大いに異なる。

まず、石斧の機能に深く関係することだが、粒子の粗い・不均質な砂岩《さがん》・蛇紋岩《じゃもんがん》・緑色凝灰岩《りょくしょくぎょうかいがん》を石材に用いている点である。石槍製作が鋭利に打ち剥がせるガラス質の石材を用いる点と対照的だ。石斧の側辺は、形を整えるために両側縁とも表裏に面的な剥離が施されるが、石槍に鋭利な側縁が形成されるのとは逆に、側縁をたたきつぶすような剥離が施される。刃部を作り出すのではなく、柄に装着する部分の作り出しと考えられる。

石斧の機能

石斧に用いられた石材は、打撃による衝撃を吸収しやすい特徴をもつ。磨かれた刃部は耐久性がある。つまり、木の伐採や加工に用いられたと考えることが妥当であろう。

もう一つ有力な説が提唱されている。大型哺乳動物の解体・牙《きば》加工説だ。後期旧石器時代初頭には絶滅大型哺乳動物であるナウマン象やオオツノジカがいたからだ。

また、刃部磨製石斧には一〇センチ以上の大型厚手で重量感のあるものから、五センチほどの小型で薄く軽量のものが存在している。そこで、すべてを斧とすることは疑問であるから、斧形石器とよぶべきであるという提唱がある。八風山Ⅱ遺跡の刃部磨製石刃は斧としての調整加工がなくまさに異例だ。

石器がいかに使われたか。その分析方法として高倍率顕微鏡を用いた使用痕《しようこん》研究法がある。石器の刃部には使用により線状の傷や微細な刃こぼれがつく。また対象物との接触磨耗で磨かれポリッシュとよばれる特徴的な光沢をもつ。実験によってできた傷・光沢の付き方と比較すれば、線状痕の方向や刃こぼれの位置は操作方法、光沢は対象物、つまり木か骨か皮かが判別できる。

千葉県の瀧水寺裏《りゅうすいじうら》遺跡と南三里塚宮原《みなみさんりづかみやはら》第1遺跡の石斧（図16）では、横斧《よこおの》として対象物に振り下ろして打撃する使用法、比較的柔らかい対象物に押しつけて掻きとる

図16　千葉県南三里塚宮原第1遺跡の石斧
上2段がおもに伐採斧、下1段がおもに工具（左上の長さ12.5cm）。

か削りとる使用法が、池谷勝典《いけたにかつのり》、高橋哲《あきら》によって観察されている。大型重厚なものは横斧で、小型軽薄なものは掻器《そうき》・削器《さっき》ということらしい。

岡山大学の稲田孝司《いなだたかし》は、熊本県の石の本《いしのもと》遺跡の壊れた磨製刃部の使用痕から、木を対象にした横斧であると明言する。横斧とは柄に刃先を直交させて装着したものだ。

対象物は木か動物か。日本の土壌は酸性度が強いため木・牙・角・骨・皮はほとんど残らないから具体的に遺物で証明することは難しい。しかし、石斧の側縁調整が刃部形成ではなく整形である点、横斧の使用法が推定されることは、木製柄の存在を示唆する。そして、八風山Ⅱ遺跡の基部加工石刃を石槍と想定する背景には、長い木製柄の存在が不可欠である。石斧の出現の意義は、木製道具の改革を意味しようか。それでは、牙・角・骨はどうか。

数少ない検討資料として岩手県花泉遺跡の尖頭状骨器がある。推定年代は古くても二万一四〇〇年前でより新しい時代の遺物であるが、野牛の肋骨を斜めに切断し、切断面を磨いて尖らせた道具だ。そこに磨製技術が存在する。石斧が骨角器製作の道具かどうかは不明だが、その製作に用いられた磨製技術の存在は骨角器製品の技術革新を示唆する。

八風山Ⅱ遺跡で発見された刃部磨製石刃の刃先表面には、微細な刃こぼれが観察される。斧とは考えられないので、対象物を削った道具と考えられる。現時点では、対象物や使用方法を特定することは困難であるが、工具の発達を示唆する点に評価が与えられよう。それは、これまでにみたように、刃部磨製技術の出現は、石器製作技術の革新に止まらず、木・牙・角・骨・皮などのさまざまな材料における道具製作の技術革新を意味すると考えられるからである。

ところで、工具の発達が、磨製技術という特殊な技術の出現で示される一方で、調整加工がほとんど加えられず、石器分類上は不要な石屑とされる剥片を、多目的に使用した事実がとらえられている。

台形状の石器

佐久平で最古の旧石器遺跡が最初に発見されたのは、じつは立科《たてしな》F遺跡であった。八風山I遺跡で石槍を採取した一九九〇年の春、標高九七〇メートルの八ヶ岳蓼科山麓に別荘分譲地開発が計画された。対象地は一五万平方メートル以上の山林に覆われた広大な尾根であったが、八ヶ岳を給源とする火山灰の厚い堆積が切り通しで観察された。

尾根上の平坦面を集中的に試掘調査した。今思えば多少強引であったが、同年夏、火山灰の堆積層から二一一点の旧石器を掘り出した（図17）。

出土層位は八風山II遺跡と同様に姶良丹沢火山灰、八ヶ岳新期第IV火山灰に覆われていた。主要石材は黒曜石《こくようせき》で、水和層測定から推定された年代は三万一〇〇〇年前である。

図 17 ● 立科F遺跡の石器分布
土の柱が石器の出土位置を示す。中央広場を囲んだ弧状の分布を示し、「環状集落」の分析事例となる。

この立科F遺跡で発見された二一一点の石器には、明確に調整加工が施されたものがほとんどみられなかった。ただ、両側縁にわずかな加工が観察され、鋭い縁辺をもつ台形状の石器が目に止まった（図18）。工具にちがいない。

そこで、比較資料も含めた黒曜石製石器六七点の使用痕分析を神奈川県教育委員会の御堂島《みどうしま》正《ただし》に依頼した。結果は予想をはるかにこえた。使用痕が観察された資料は三二点で、使用方法・対象物が二大別された。刃部に平行する線状痕《せんじょうこん》の「切断」に使用された石器が二七点、刃部に直交する線状痕の「掻きとり」に使用された石器が五点である。

便宜的な石器

「切断」作業の対象は、ポリッシュタイプから、乾燥皮と推定された。わずかな加工は手で把持するか短い柄をつけるためと考えられた。同様の使用痕はより多様な形の石器でも確認され、製作過程の石屑と処理される調整加工のない多様な剥片、さらには役目を終えた残核も含まれていた。つまり、切る道具の要件は、形よりも、刃部として有効な鋭い縁辺があるかどうかであった。石片のもつ有効刃部を活用した「便宜的な石器」である。

「掻きとり」の石器も便宜的な石器で、湾曲した厚い刃部となる縁辺を活用し、わずかに調整加工で刃部を形成していた。推定対象物は皮・木が四点、骨角《こっかく》が一点である。切断対象が皮であることから、皮なめしから裁断までの皮細工がおこなわれていた可能性は高い。時は氷河時代、少なくとも衣服は必需品だ。

また木製品・骨角製品の製作が示唆される。とくに骨角が推定された石器は肉眼でも磨耗が観察され、実験では鹿の角を土と水を混ぜて掻きとった磨耗と一致するという。磨製技術の出現に骨角器の存在を想定したが、その有力な分析事例と考えたい。

管理的な石器

後期旧石器時代の生活様式は移動生活であった。移動のたびに生活道具一式をすべて持ち運ぶことは困難である。むしろ、生活道具をいかに減らすかが後期旧石器人の知恵のだしどころだった。

「便宜的な石器」とは移動時に捨てられた石器だ。そして、石槍や石刃、刃部磨製石斧は大切に持ち運んだ「管理的な石器」だ。後期旧石器時代の技術革新は、製作技術のみではなく、以上のような道具の計画的な使用方法におよぶ。

それでは、後期旧石器時代開始期の移動生活とはどのようなものか。次章では、八風山Ⅱ遺跡に残されたスポットやブロックから、開始期の「集落」のすがたをさぐろう。

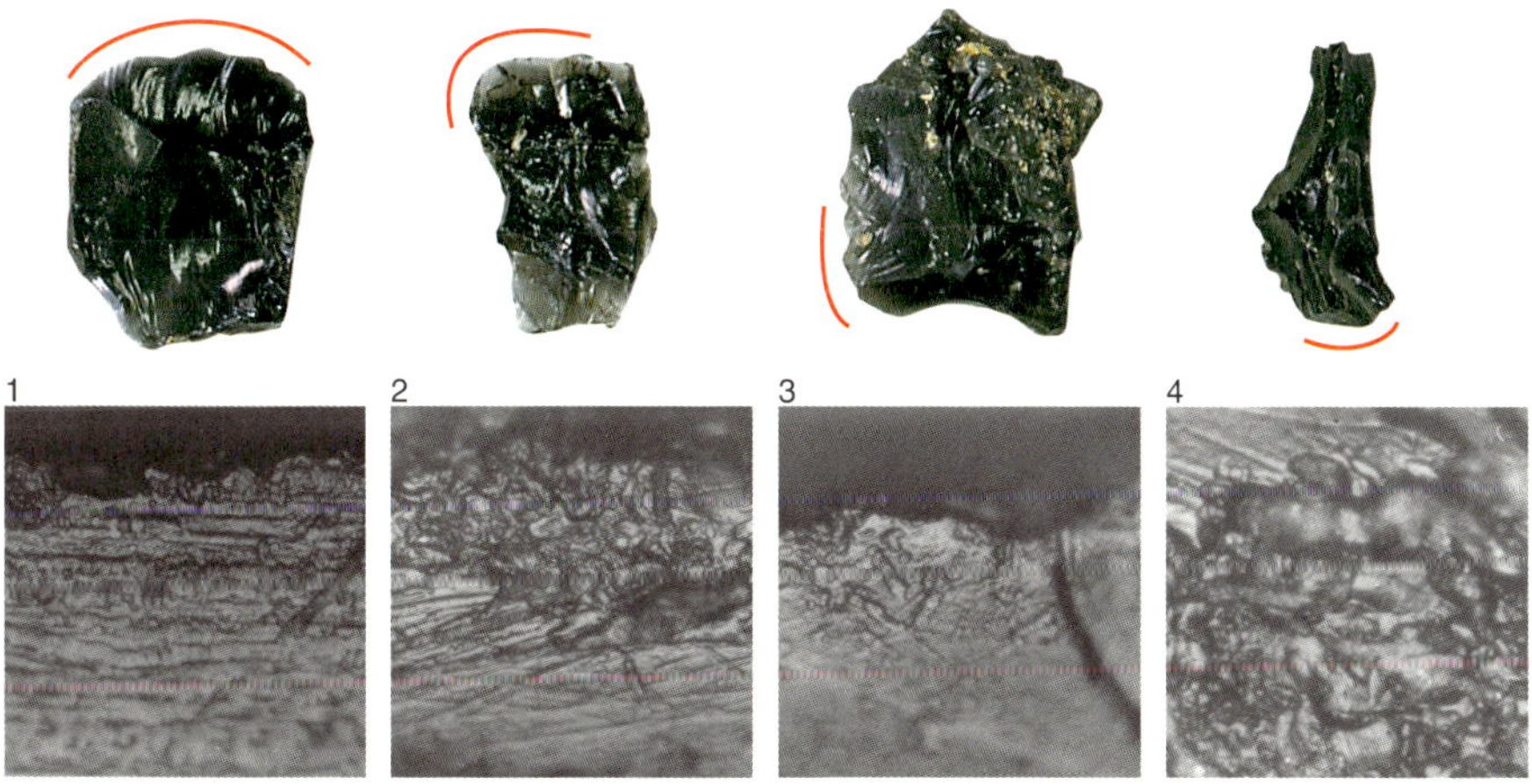

図18 ● 立科F遺跡の便宜的な石器とその使用痕跡
1～3が「切断」に使用された石器。赤線部の刃部に平行する線状痕がみられる。
1・2は剥片の鋭利な縁辺を使用し、3は調整加工で形成された刃部を使用する。
4は「掻きとり」に使用された石器。赤線部の湾曲のある急角度な縁辺に直交する線状痕と鮮明なポリッシュ（使用痕光沢）が観察される（長さ4.6cm）。

第3章　旧石器社会

1　スポットとブロック

スポット

後期旧石器時代の遺跡で発見される遺物は、ほとんど石器に限定される。その分布は、遺跡全体に均一ではなく、いくつかの範囲に集中している。この石器集中範囲を「ブロック」とよぶ。さらに、ブロックのなかにはいくつかの密集範囲が存在することがある。その密集範囲を「スポット」とよぶ。

八風山Ⅱ遺跡では、接合資料の分布範囲を基準として、石器の集中的な遺存状態を二〇カ所のブロックに区分した（図19）。そして、ブロックのなかには、いくつかの特徴的なスポットが存在していた。このスポットが意味するところは何か。接合資料母岩4を分析事例として説明しよう（図20）。

母岩4は、二七九点の資料が接合し、長さ・幅が約二二センチ、厚さが約二〇センチの柱状《ちゅうじょう》角礫《かくれき》に復元された。遺跡から未発見の部分もあるが、石目で輪切り状に大きく五個体に分割し、最終的には石核一〇個体に分割された資料である。

一〇個体の石核が石刃生産で消費された場所は一カ所ではなく、個体1の消費場所、個体2の消費場所、個体3・4の消費場所、個体5から10の消費場所の四カ所に分けられた。

個体3の分布状態は三メートルほどで、集中部とその前方に広がる散在部からなる。堆積中に石器が上方に拡散したり、石器の使用・廃棄過程が加わっているので、製作作業の痕跡がそのまま残されたものではな

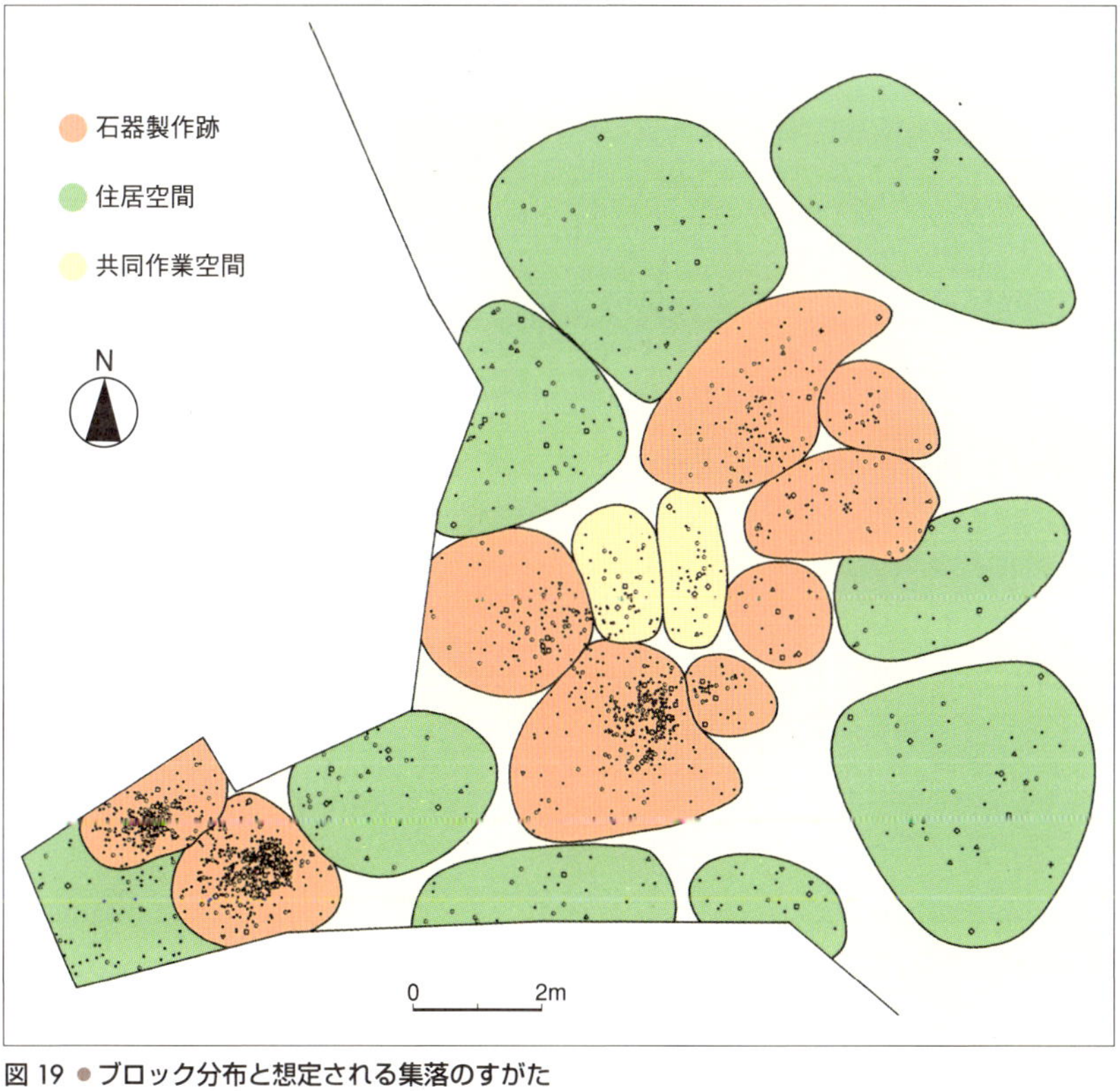

図19 ● ブロック分布と想定される集落のすがた
石器製作跡であるスポットで形成されたブロックが環状に分布し、住居空間を思わせるブロックがさらにその外周を環状にとり囲んでいる。

いが、製作者が座った足下前方に打ち落とされた資料で集中部ができ、その前方に飛び散った資料で散在部ができたと考えられる。

製作者が座わっていたのは、図20に示したように、集中部南側の石屑が存在しない場所と考えられよう。つまり、石核単位に区分されたスポットは、製作者単位の製作場所と仮定できるのである。

原石の分配と石器の贈与交換

母岩4は、最初のスポットでAからEの五個体に分割された。そして、個体Bは隣接する二カ所目のスポットに移され、個体2の石核として消費された。

さらに、個体Cは六メートルほど離れた三カ所目のスポットに移され、個体3・4の石核として消費された。個体D・Eはそれに隣接する四カ所目のスポットで個体5から7と個体8から10の石核として消費された。

スポットが製作者単位の製作場所と仮定すると、母岩4のあり方は、製作者が同一の個人とした場合、つぎつぎに製作場所を変更したことになる。隣接地は問題がないとしても、六メートルも移動するのは不可思議である。

四カ所目のスポットでは、六個の石核が消費されたが、残核が東側に集中し、東側の空白部に座位を固定した一連のスポット形成がうかがえる。したがって、場所をたがえる複数のスポットは、複数の製作者の存在を意味する。つまり原石を複数の製作者で分有し、共同のもと

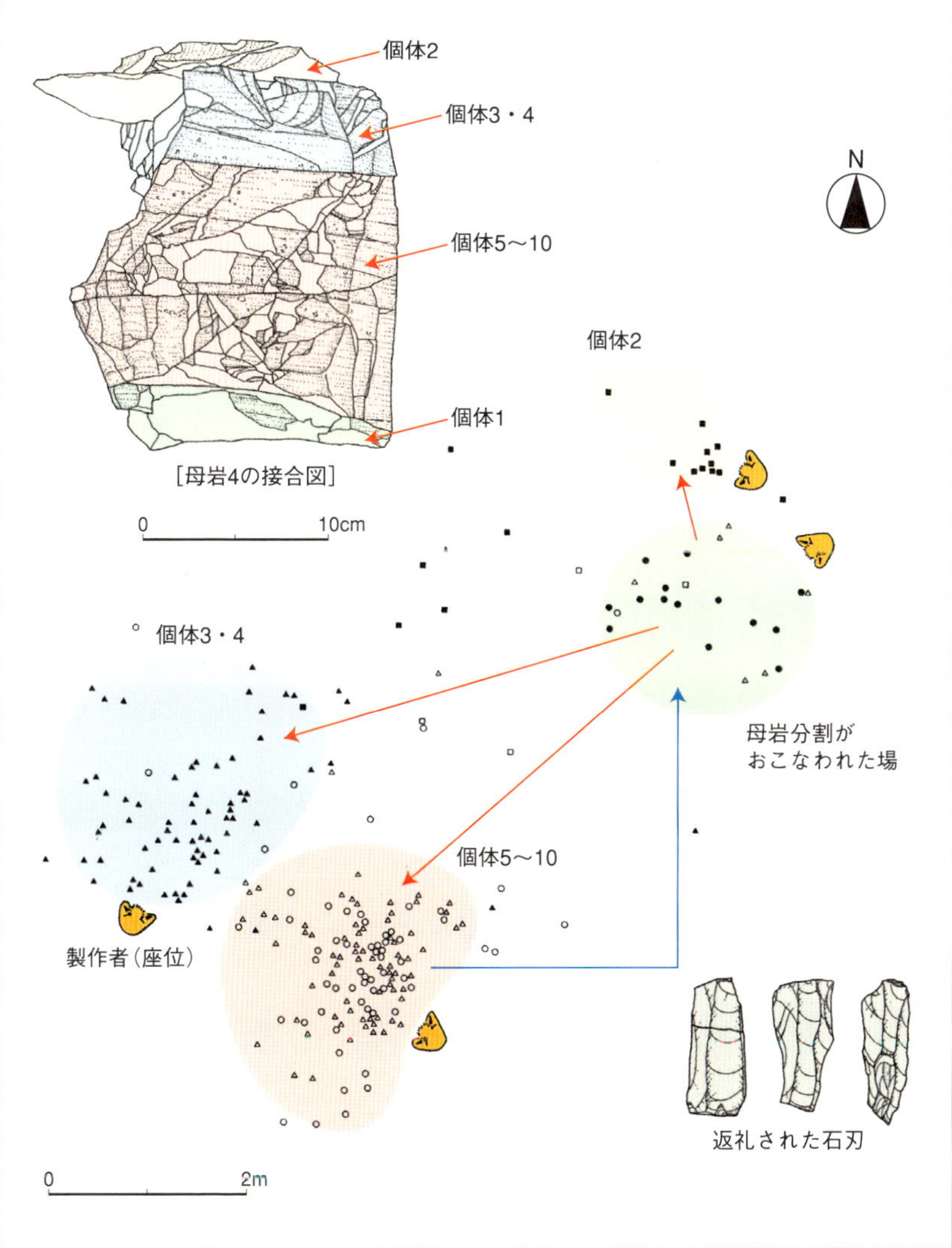

図 20 ● **母岩４の分割・分配と石器の贈与**

接合した石刃や調整剥片（石屑）の製作順序とそれが残された場所を詳細に検討した結果、原石分割をおこなった場所（その石屑がある場所）と、その分割礫を単位に３カ所に分けられた石刃製作の場所（その石刃と石屑のある場所）が存在することが判明した。

さらに、原石を分割した場所には、明らかに別の場所で製作された石刃が存在することが確認された。

このことは、一つの原石を複数の製作者が共有して消費し、さらにその製品を共有した事例と考えられる。

に消費したと考えられる。

最初のスポットで分割作業がおこなわれたのは、分割時に生じた不要な石屑の残存で証明できる。また最初のスポットでは、個体5から7で製作された四点の石刃も検出された。分割作業以外の石屑、個体5から7の製作過程で生じた石屑は存在しないから、これらは明らかに製作品が持ち込まれたものだ。つまり、別の製作者に提供した石核から製作された石刃が、いわば返礼として贈与された事例と考えられる。

アフリカのサン族やムブティ・ピグミー族の狩猟採集民族例では、食物分配とともに頻繁な道具の交換がおこなわれており、製作者と所有・使用者が一致しないことのほうが多いという。資源・道具の所有権は個人ではなく集団ということである。

ブロック

ところで、一〇個のブロックには、石器製作の場としてのスポットで形成されたブロック以外に、石槍や石刃などの製品を主体とするブロックがあった。

製品主体で製作作業の痕跡が希薄な空間に残された石器は「管理的な石器」であり、明らかに別の遺跡で製作された石器が残されていた。そこで、道具を管理する空間である住居空間という想定が生まれる（図19参照）。

八風山Ⅱ遺跡の調査区は、大規模遺跡のごく一部である可能性が高く、現状で復元された製作遺跡のすがたは部分にすぎない。それでも特徴的なあり方を指摘できる。

石器製作跡であるスポットで形成されたブロックが環状に分布し、住居空間を思わせるブロックがさらにその外周を環状にとり囲むのだ。原産地製作遺跡においても環状のブロック配置が存在する点が重要だ。なぜならば、後期旧石器時代開始期の象徴的な遺跡として、「環状集落」とよばれる大規模な環状ブロック群が存在するからである。

2　集団の広域移動

欠落した空白部

これまでの接合資料から、石刃と石刃製石槍を製作した石核が一五個ほど復元されているが、それらと、遺跡内にあった石刃製石槍が接合した例は一例もない。つまり、遺跡には一七点の石刃製石槍が残されていたが、これらはすべて遺跡外で製作されたものである。

一方、復元した石核から製作された石刃製石槍ないしその素材は、すべて遺跡外へ搬出されていたのである。つまり、搬入された石器の製作場所は特定できないが、それと同等な石器が遺跡外へ確実に搬出されているのである。行方を捜索しよう。

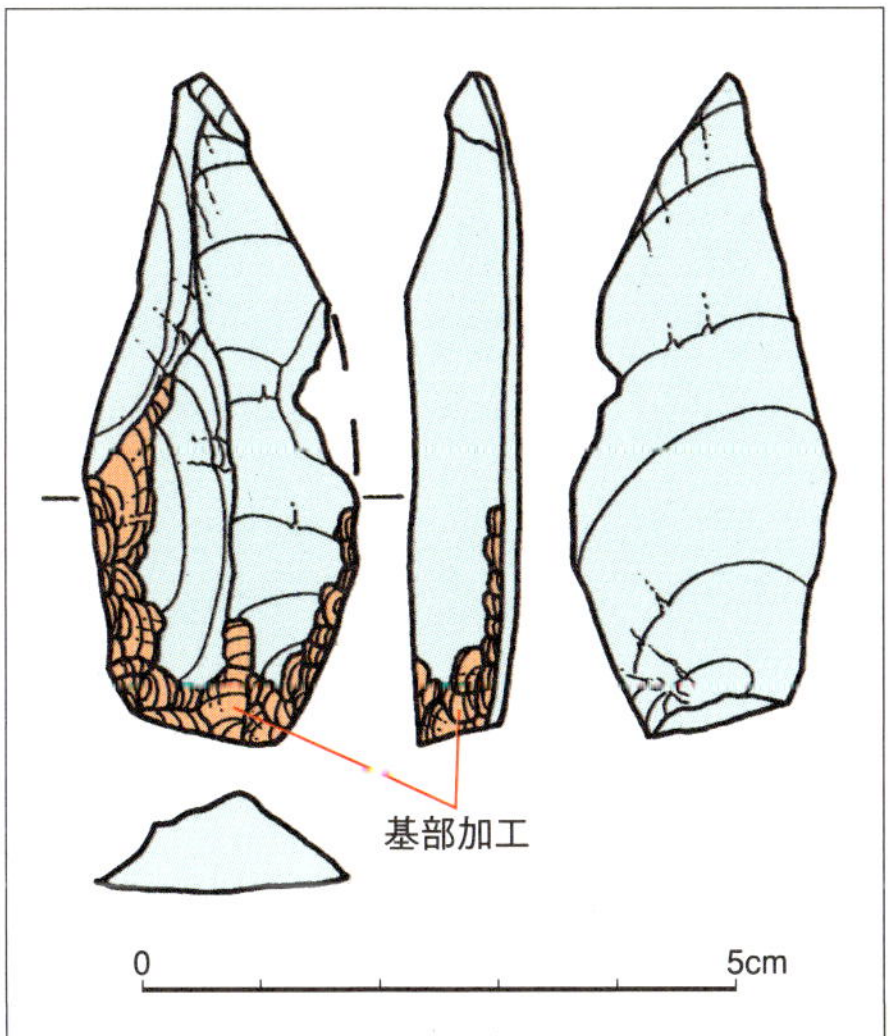

図21 ● 広域に運ばれた石刃製石槍
群馬県側の白倉下原遺跡に運ばれた八風山産の石刃製石槍で、八風山Ⅱ遺跡と同じような基部加工形態になっている。

石器の行方

八風山を群馬県側にくだると、群馬《ぐんま》西毛《せいもう》地域の鏑川《かぶらがわ》流域に至る。その流域遺跡群に白倉下原《しらくらしもはら》遺跡という後期旧石器時代開始期の遺跡がある。そのB地区から、蛍光X線分析によって八風山産と判別された石刃製石槍が検出されている(図21)。

八風山Ⅱ遺跡との直接の関係は不明だが、この遺跡には石槍を製作した痕跡がないので、八風山原産地遺跡で製作された搬入品の可能性が高い。

さらに遠方をさぐると、埼玉県富士見市の谷《や》津《つ》遺跡から、ガラス質黒色安山岩の製品八点が検出された。この遺跡でも製作の痕跡は存在せず、石刃製石槍四点、石刃三点、削器一点がすべて製品で持ち込まれている。

出土層は立川ロームX層で、八風山Ⅱ遺跡とほぼ同時期だ。産地同定はおこなわれていないので、群馬県北部の武尊《ほたか》山産の可能性があるが、長さ九センチほどの石刃製石槍と石刃があり、八風山原産地遺跡は有力な候補だ。石刃製石槍は広域に運ばれたと考えられる。

図22●円礫に復元された八風山産原石
群馬県側の天引狐崎遺跡の接合資料で、八風山産の円礫を用いて、台形石器や便宜的に使用する貝殻状剥片を製作した資料と考えられる。

台形石器の型式的特徴にひそむ広域移動

鏑川流域には、天引狐崎《あまびききつねざき》遺跡というもう一つの後期旧石器時代開始期の遺跡がある。そこでは長さ・幅一七センチ、厚さ一一センチの八風山産の接合資料が復元された（図22）。それでもまだ半分ほどで、もとの原石は倍以上の円礫と想定されている。

ここで持ち込まれた八風山産原石の形状が円礫であることに注意してほしい。八風山遺跡群の原石は角礫であり、円礫が採取できるのは香坂川のより下流の地点である。つまり、八風山遺跡群とは直接の関係をもたない原石である。

実際、製作された石器が異なる。分割して石核とする点は同じだが、分割面あるいは側面を作業面として貝殻状の剥片を剥離する。石刃石核とは縦と横の関係を逆転した石核だ。接合資料には管理的な石器が含まれず、接合した剥片は便宜的な石器とされた可能性があるが、製作された石器は「台形石器」と考えられる。

台形石器（図23）とは、後期旧石器時代開始期を代表する石器である。その広がりは刃部磨製石斧と同等に日本列島の広範囲に存在し、基部・側縁が両面調整技術で製作された石器である。

その技術は、石斧とは用いられる石材が異なるので

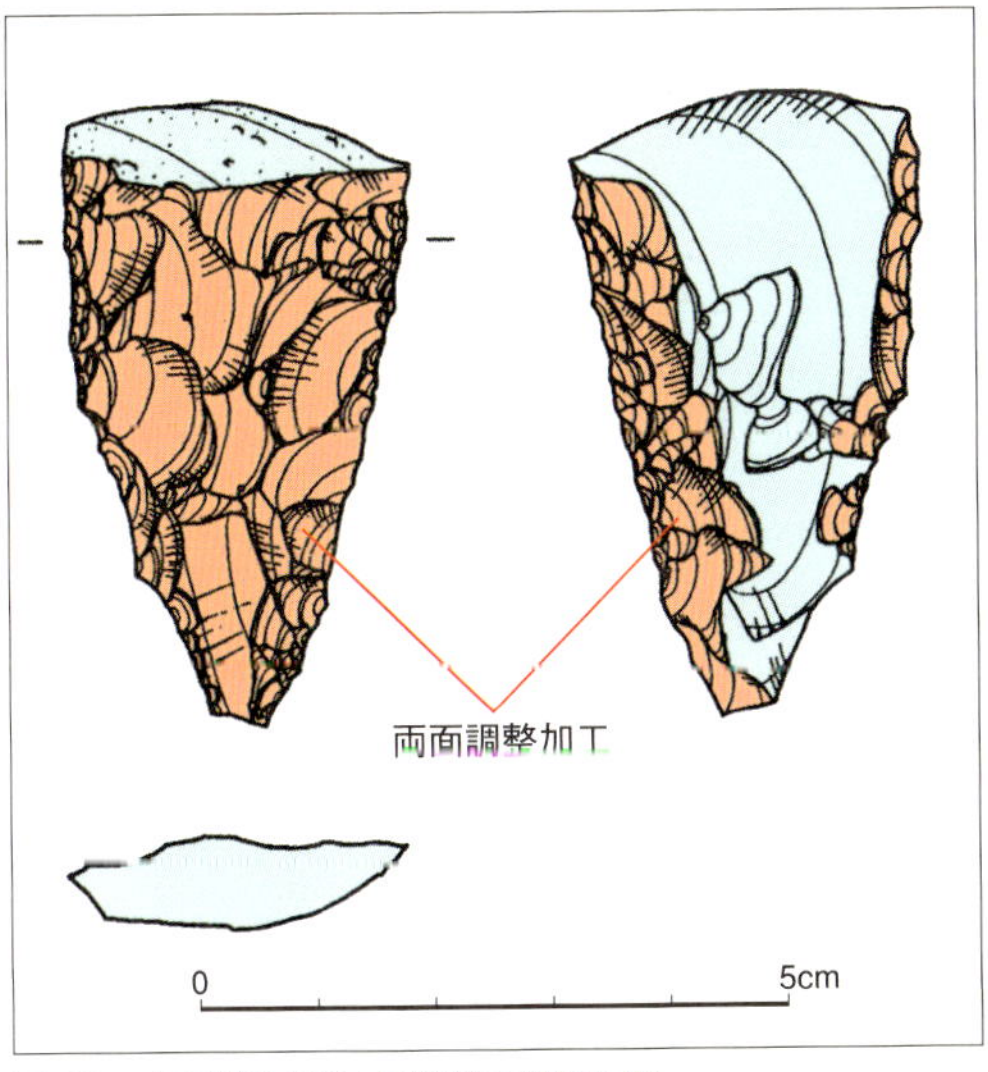

図23 ● 長野県日向林B遺跡の台形石器
基部・側縁が両面調整技術で整形された優品である。こうした優品は数少ないが、同一の型式が広域に存在する。

同じというわけではないが、柄に装着する部分の整形という点では同等である。台形と称されるように刃部が水平であるが、柄が着けられた石槍の一種と考えられている。また、石刃製石槍ほど鋭くないがペン先形と称される先端の尖る形態も含まれている。

この台形石器の製作方法や形状が示す型式的特徴は、たとえば北信越・中部高地・関東地方という広域な範囲で同等である。このことは、石刃製石槍が広域に運ばれたことと合わせて、集団が広域移動した証拠と考えられる。それは後期旧石器時代開始期の遺跡が一定地域に集中することなく、山間部・平野部に均等に分布する状態にも示されている。

それでは、広域に移動していたと考えられる集団相互はどのような社会を形成していたのか。後期旧石器時代開始期に出現して消滅した「環状集落」にその答えが示される。

3　環状集落と集団の絆

遊動生活と環状集落

旧石器時代の遺跡で発見される普遍的な存在は、スポット・ブロックとよぶ石器製作の石屑を主体とした集中部だ。それが製作跡・使用した石器の廃棄場であることはこれまでに説明したことだが、住居空間と想定した範囲には確証がない。縄文時代以降にみられる竪穴住居や柱の穴などの明確な遺構が発見されないからだ。それは逆に、住居が存在してもきわめて簡易な構造物であることを示し、定住ではなく移動生活の証拠となる。

移動生活、最近は遊動《ゆうどう》生活とよばれる生活様式では、小集団による短期間の居住で集落とよべるような大規模な遺跡は存在しないと考えられいた。ところが群馬県下触牛伏《しもふれうしぶせ》遺跡で直径五〇メートルにもおよぶ環状に配列されたブロック群が発見され、旧石器時代にも視覚的に認識できる大規模な遺跡が存在する事実が確認された。環状集落とよべる大規模遺跡だ（図24）。

　旧石器時代に環状集落がなぜ存在するのか。今、

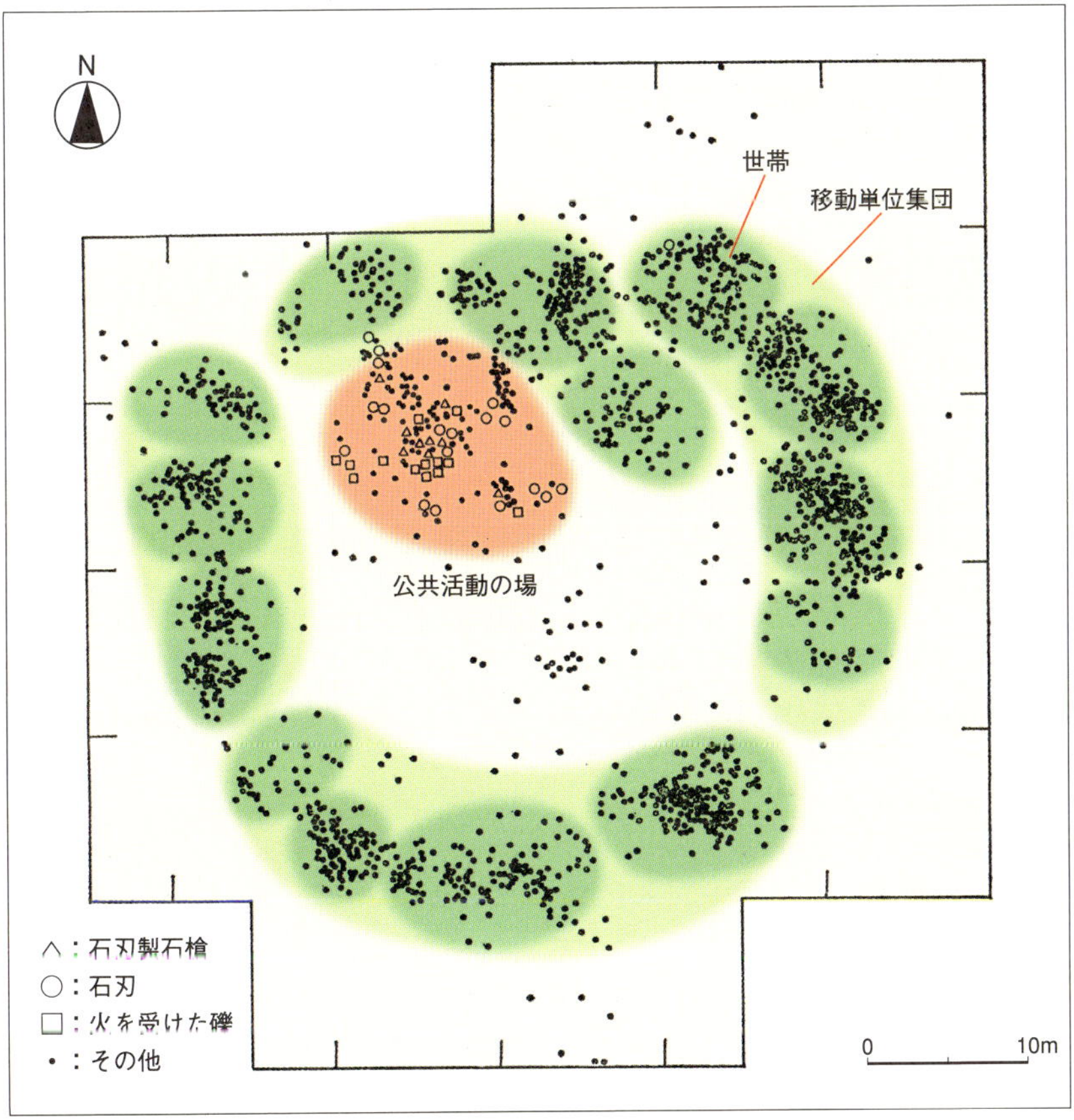

図24 ● 群馬県下触牛伏遺跡の「環状集落」
炉の推定個所周辺に持ち込まれた石刃製石槍・石刃が集中的に残され、公共活動の場を想定させる。
環状のブロック群は主に石器製作跡であるが、ブロックの区切りから世帯・移動単位集団などが推定され、短期間に集合した大集団の「集落」と考えられる。

旧石器研究で熱く語られる研究テーマだ。

大規模であることの証明は、環状に分布するブロック群が同時に存在したことを証明しなければならない。その分析法としてこれまで詳述してきた接合資料分析がある。八風山Ⅱ遺跡のブロック間における接合資料の存在は同時性を証明する。同様に下触牛伏遺跡のブロック群間でも多数の接合資料が確認され、その同時性が証明されたのである（下触牛伏遺跡は本シリーズ第Ⅱ期でとり上げる—編集部注）。

接合関係にある資料がじつは時間差を有する場合がある。一度は移動したが製作した場所に回帰した場合だ。その場合、ブロック配置の規則性が乱れる。整然とした分布は同時性のあらわれだ。

大規模であるにもかかわらず、下触牛伏遺跡の遺物は二〇三九点と少ない。これは環状ブロック群の一般的傾向だ。それは環状集落が営まれた期間が短期間であったことを示す。ここで、大規模であることは大集団の存在を意味するが、長期間居住を意味しない点を重視してほしい。定住生活にある縄文時代の環状集落とは決定的に異なる点である。

集団の緊張関係と絆

後期旧石器時代開始期の遺跡すべてが大規模な環状集落であったわけではない。通常は分散し広域に遊動していた小集団が、短期間ではあるが集結した場所が環状集落と考えられる。広域に移動していた集団相互の結合を証明する事例は、ブロック単位で保有されていた石材の産

図 25 ● 長野県日向林Ｂ遺跡の石斧・砥石・台形石器・便宜的な石器
多様な工具が多量に残されており，さまざまな生産活動がおこなわれたと推定される（左上の長さ 17.4cm）。

地が異なり、集結以前の遊動領域のちがいが示されるからだ。それではなぜ短期間だけ大集団が形成されるのか。集結の契機はいかなる理由か。

長野県の野尻湖《のじりこ》は、湖底から発見されたナウマン象で有名だが、湖をとり巻く丘陵上にも大規模な旧石器時代の遺跡群がある。その遺跡の一つが、環状ブロック群を形成した日向林《ひなたばやし》B遺跡だ。

日向林B遺跡では、蛇紋岩製の石斧六〇本が検出された（図25）。一遺跡としては異例の多さだ。ナウマン象、そして多量の石斧。そこから大型獣狩猟を契機とした集団の集結、石斧大型獣解体具説が生まれた。

日向林B遺跡は、環状ブロック群に付随するブロック群の存在や九〇〇〇点という破格の遺物量から、他に例をみない特殊なあり方だが、その遺物には石斧とともに多量に消費された便宜的な石器が存在していた。皮、木、骨角あるいは牙製品を短期間に多量に製作した結果と想定される。

一般的な環状集落は遺物量が少なく、管理的な石器も多いとはいえないが、便宜的に集中的に使用廃棄された石器の比率が高いと想定される。それは立科F遺跡の分析事例が指し示す方向だ。つまり、小集団に分散した遊動生活に必要な生活資材を、集団群共同のもとに製作した場所と考えられる。

それではなぜ環状を呈するのか。

その回答の一つは、さまざまな公共活動の場である中央広場の確保であろう。集団が集結する場には集団活動の場は必然だ。狩猟採集民族例ではダンスの場だ。

また、立科F遺跡は二〇メートルほどの規模であるが、ブロックは環状配置していた。八風山Ⅱ遺跡のブロックも一〇メートルに達しないが環状分布であったことを再確認してほしい。つまり、居住空間配置として中央を空けて対峙する集団間の「規則」があったようだ。分散居住していた集団が集結するとすれば、同時期といえ形成過程に多少の時間差はあるはずだ。それが整然とした環状になったのは「規則」があったからにちがいない。

分散時、集団は広域移動していた。最良の狩り場や石材採取地は競合し、集団相互は緊張関係にあった。集団の絆《きずな》を確認する場が必要とされた。それが環状集落形成要因と考えられる。環状集落の形成には、わたしたちが学ぶべき「社会」がある。

第4章　石槍の革新

1　大型石槍の登場

旧石器時代から縄文時代への移行期

前章では、八風山Ⅱ遺跡における列島最古の石刃製石槍を説明した。本章では、旧石器時代に完成された両面調整技術を、八風山Ⅵ遺跡B地点の大型石槍からみていこう。

八風山Ⅵ遺跡B地点の製作跡は、小河川に囲まれた中洲《なかす》状の微高地にあり、流失せず良好な状態で残ったのは奇跡的だ。河川堆積物を主体とするが、製作跡が形成される以前に降下火山灰が堆積した陸化期があり、浅間板鼻黄色軽石の一次堆積が確認された（図7参照）。

したがって、石槍製作跡が形成されたのは一万三〇〇〇年前より新しい。また、製作跡の中央部に存在した炭化物集中部から採取した二点の木炭粒による放射性炭素年代測定では、一万二〇〇〇年前と一万一〇〇〇年前という結果が得られている。年代幅が大きく分析点数も少ないので確定できないが、「土器出現期」「縄文時代草創期《そうそうき》」ともよばれる、旧石器時代から縄文時代への移行期に残された石器群であることは明確である。

八風山Ⅵ遺跡Ｂ地点出土の石槍と母岩

八風山Ⅵ遺跡Ｂ地点では、石槍六三点、削器五点、剥片四五七三点、砕片三万九七四七点、石核二点からなる総数四万四三九〇点の石器群が検出された（図26）。ほとんどが石槍製作の際に生じた石屑で、集中的に石槍を製作した結果だ。確認できた接合資料は一七一例で、母岩１とした接合資料No.１はほぼ原石の状

図26 ● 八風山Ⅵ遺跡Ｂ地点の大型両面調整石槍
1. 長さ 20.6cm で最大の石槍。完成間近で製作中に▶から折れたもの。完成していれば、より薄く細身の精巧品であったろう。
2. 幅 7.6cm・厚さ 2.6cm と幅広で厚く、素材の礫面や盤状剥片面が残る。製作の前半段階で▶から折れている。

態までに復元できた。

四三六点の資料が接合し、長さ約三三センチ、幅約二九センチ、厚さ約一八センチの角礫に復元されたのが母岩1である（図12参照）。石目を活用し、AからEの五個体に大きく分割され、個体A・D1・D2・Eの四個体を材料に石槍製作がおこなわれていた。

個体Aは長さ一四センチほどの石槍が残されていたが、製作途中で二つに折れた失敗品だ。個体D1・2は完成できたようで、長さ十数センチの石槍二本が遺跡外へ搬出されている。個体Eは第1章で述べた会心作である（図11参照）。完成された大型石槍の精巧品は遺跡外へ搬出された。

石槍製作過程の具体像

接合資料から知ることのできる石槍製作過程の具体像は、選んだ素材をいかに有効に、よりよく石槍に仕上げるかという個別的な対処法といってよいが、それでも共通する特徴を抽出することができ、それはつぎのように整理できる（図27）。

材料は、ガラス質黒色安山岩の角礫から割られた、「盤状剥片《ばんじょうはくへん》」とよばれる分厚い板状剥片である。大きさは当然求めるサイズ以上が必要だ。ただ分厚いといっても厚すぎてはだめだ。八風山産ガラス質黒色安山岩の角礫が選ばれた理由は、長さ二〇センチをこえる石槍製作に適した大きさと厚さを備えた盤状素材が得られるからだ。

打ち剥がしは、両側面から素材の表裏面に対して施される。初期段階で粗割りの形を作り出

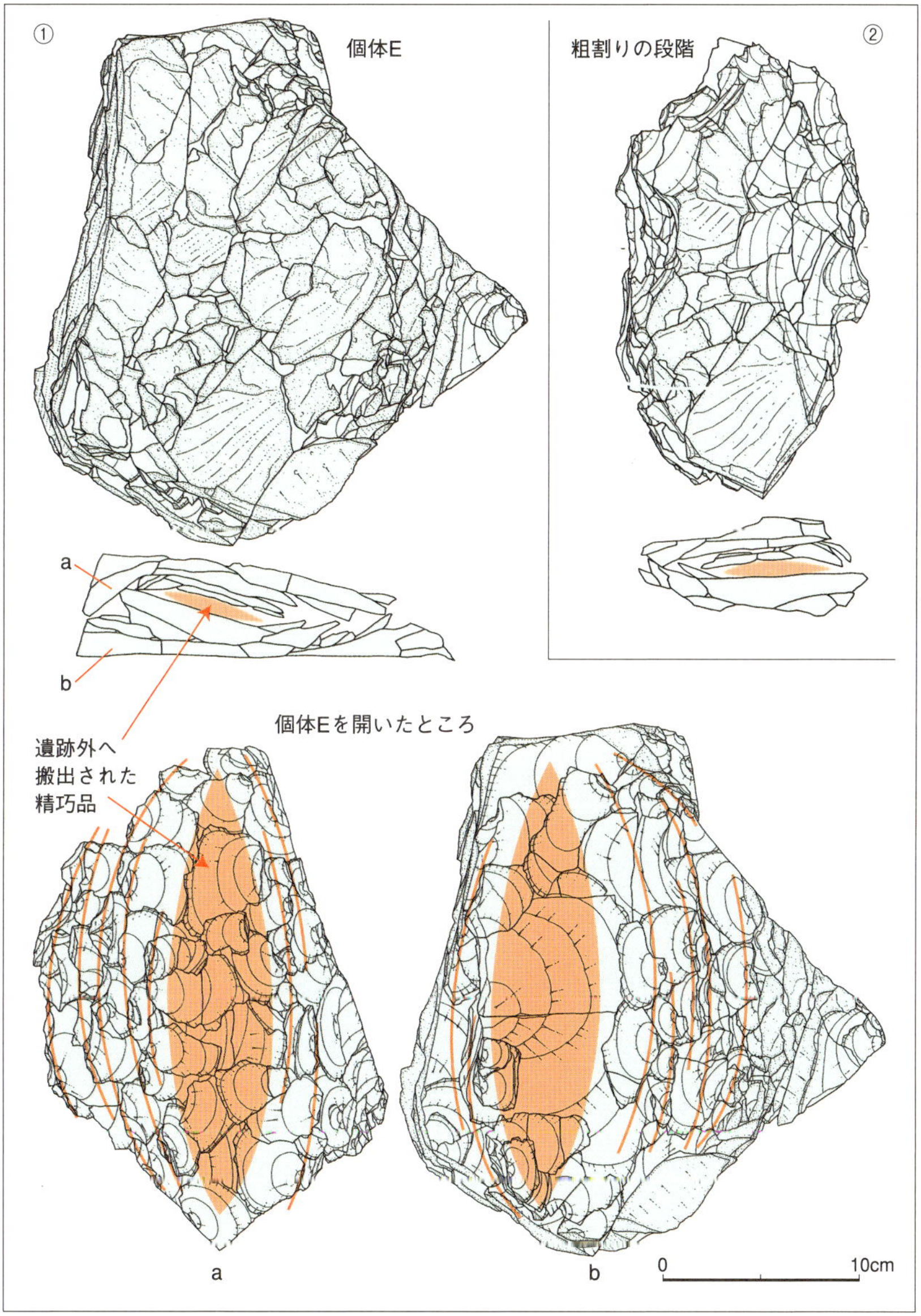

図27 ● 母岩1個体Eにみる大型両面調整石槍の製作技術
①a・b内側には何重にも積み重なった調整剥片の打面部が弧状に並んでいる。初期は外側に並ぶ打面が大きな大形厚手な剥片を剥離して、②のように、粗く形を作り出す。仕上げの段階は、内側に並ぶ打面が小さな小形薄手の剥片を剥離して精美な形を整える。

し（図27②）、中段階から最終段階では徐々に打面の整えられた薄手の剥片剥離をくり返して、尖鋭な先端と鋭い側縁の形状を整え、柳葉形を呈した石槍に完成させる。

その過程でもっとも重要なことは、大きさ（長さ）を維持しながら、いかに厚さを減じるかである。個体Eには、幅と厚さを減じるために周到に表裏面でくり返された剥離過程が示されている。結果、長さ二五センチ・厚さ六センチの素材は、長さ二〇センチほどを維持しながら厚さ一センチ以下の精巧品に仕上げられた。

個体Eの素材には三角形に飛び出た不要な部分がある。初期の粗割で一気にとり除いてよい部分だ。しかし小剥離を何度もくり返して計画的に除去している。その理由は必要以上の負荷を加えると、その力が石の内部に蓄えられ（内部にヒビが生じる）、後の加撃で予想もしない場所から剥離が生じたり折れが生じるからだ。B地点から検出された六三点の石槍は大半が折れた資料で、折れの原因はすべて製作過程にある。

周到・計画的に剥離を施しても、重複的に多方向から力を加えるので折れの危険はつねにある。だからといって、器体中央の厚さを減じる大胆な剥離に成功しないと、周辺部のみを潰しただけの厚みの減じられない資料となる。折れていないのに遺跡に残された石槍は、そのような厚みのあるものだ。未製品といえば聞こえがいいが、実際は製作進行不能品だ。大型石槍の両面調整技術は巧《たくみ》の業《わざ》ということである。

2　スペシャリストと分業

石槍製作跡の成り立ち

八風山Ⅵ遺跡B地点は東西五メートル、南北四メートルほどの規模で、スポットとよんだ四カ所の石器密集部が環状に配置され、その中央部に炉跡《ろあと》を想定される炭化物集中部が一カ所存在した（図7参照）。

スポットの特徴は、きわめて狭い範囲に石槍製作で生じた大から極微細な石屑が隙間なく積み重なっていたことである。接合作業の結果、各スポットを構成する石屑は石槍個体単位に存在し、石槍の製作の場であることを証明した。

しかし、密集部にすべての資料が凝縮された分布状態は、集中部と拡散部で構成される八風山Ⅱ遺跡の石刃製作スポットとは大きく異なっていた。その密集分布の形成要因は、東北大学の阿子島香《あこしまかおる》によっておこなわれた廃棄実験でさぐることができる。

阿子島は石器製作実験で生じた石屑をとりまとめて一括廃棄する実験をおこなった。その結果、真下に投棄すると径五〇センチほどの密集部が形成されることがわかった。径五〇センチほどにあるスポット４はその分布状態に酷似し、おそらく獣皮にのせた石屑を一カ所に廃棄した結果と考えられる。また、重なる石屑の隙間に極微細な石屑が含まれていたことから、製作の進行に付随した数回の廃棄の結果と推定される。一方、前方に投棄すると投棄者を扇の要として、長扇形から長楕円形に変化するという。スポット３の長さ一メートルほどの長楕円密集部は、そうした廃棄の累積部と考えられようか。
それでは、いかなる製作者集団によってこの製作跡が形成されたのか。四カ所のスポットが石槍製作の単位的な場であることは明確であるから、スポット単位に製作者を、つまり、四人の製作者によって形成された製作跡であるという前提で検討してみよう。

製作者の集団

原石の状態に復元された母岩1の製作・消費過程から、スポット1・2・4の関係を知ることができる（図28）。

母岩1が分割された場所はスポット4である。それは、母岩の分割過程で不要とされた石屑がスポット4に存在するからである。また、母岩分割の最終過程で石核として残った個体Eの製作場所もスポット4である。つぎに、個体Aはスポット2に移されて石槍製作がおこなわれる。結果は前述したように失敗し、製作途上で二つに折れた石槍が廃棄される。

一方、分割時に節理《せつり》で二つに折れた個体D1とD2は、共にスポット1に移されて石槍製作がおこなわれ、完成品は二点とも遺跡外へ運び出された。

以上の関係は、製作者間に石槍素材が分配された過程と、製作者単位で石槍製作がおこなわれたことを示す。

母岩2は、三個の石槍素材である盤状剥片（個体AからC）が接合した資料である。基本的にはスポット3で原石の分割・石槍製作がおこなわれ、その廃棄場がスポット3西側の長楕円累積的集中部である。また、個体Aの製作過程で得られた厚手剥片が、スポット1に移されて石槍製作がおこなわれている。

個体Bの製作過程は複雑で、当初はスポット3で特大石槍を目的に製作がおこなわれるが、製作途中で二つに折れてしまう。その二つとも製作を断念せず、大型石槍製作に目的を変更するが、その製作過程の痕跡が残されていたのはスポット1とスポット2である。

スポット1に移された個体は、厚みの処理が不可能な状態にあり、製作を試みるがや

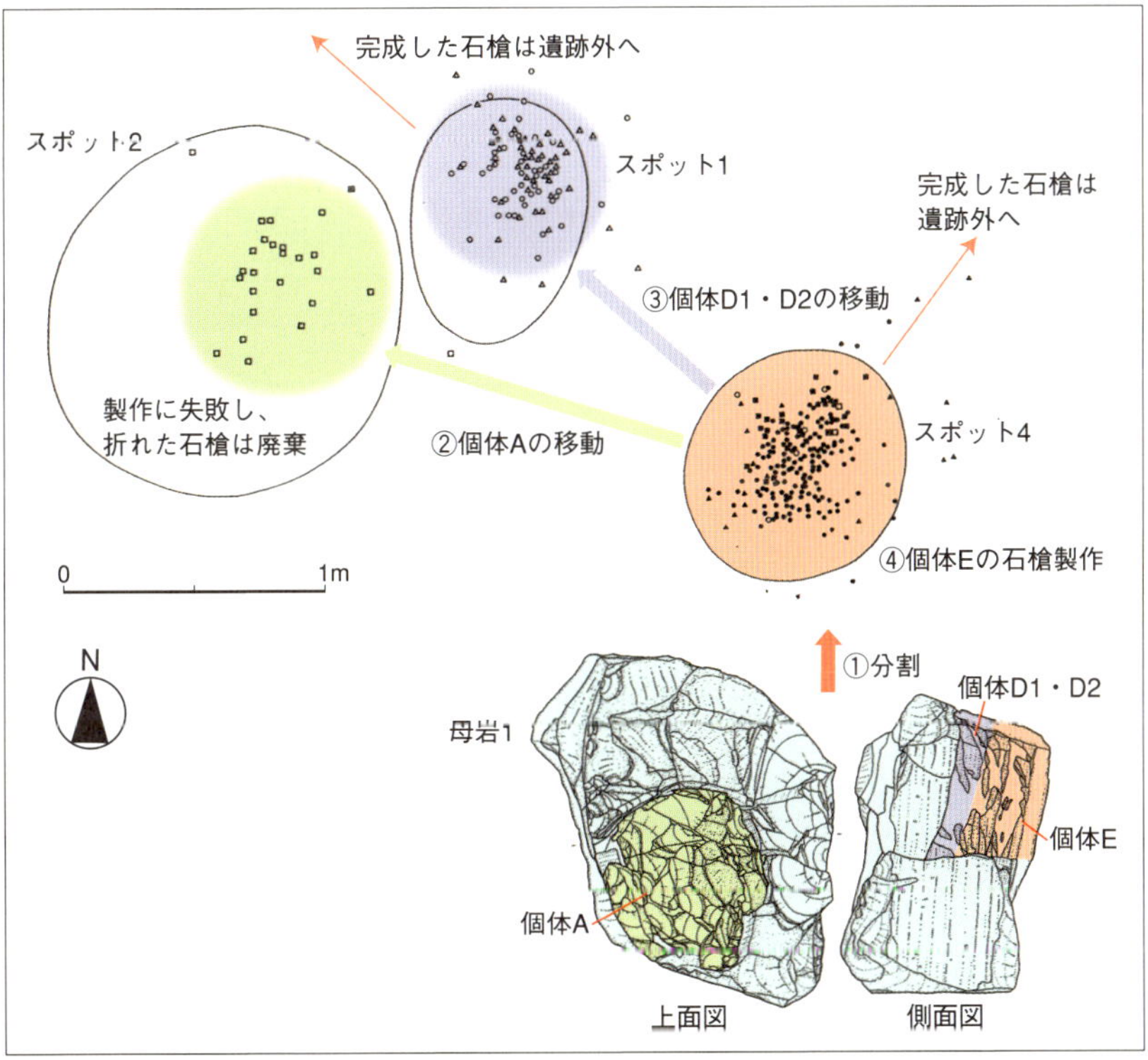

図28 ●母岩1から石槍が製作された過程
①母岩1はスポット4で分割・分配された。
②個体Aはスポット2に移され、石槍が製作されたが失敗し、折れた石槍が廃棄された。
③個体D1とD2はスポット1に移され、石槍が製作され、完成品は遺跡外に運び出された。
④個体Eはスポット4で精巧な石槍とされ、遺跡外へ運ばれた（図27参照）。

は不可能で放棄された資料である。スポット2では完成できたようで、一〇センチをこえる石槍が遺跡外に搬出されたと予想される。

このように母岩2でも原石の分配・素材贈与が確認されるが、さらに製作途中の石槍が製作者間を移動した可能性が示唆された。この関係を具体的に示すのが母岩3だ（図29）。

母岩3は、断面が三角形を呈する厚手の素材に接合復元された資料である。他に同一の母岩は存在しないので、素材の状態（個体）でB地点に持ち込まれたものらしい。断面が三角形であるから厚みのある部分に集中的に調整加工を加え、素材段階で薄い縁辺は石槍縁辺として活用する。素材に対応した個別の製作工程を示す資料だ。

結果は、初期の折れによる目的サイズの縮小、その後の周到な厚さの減少を試みるが、側縁形状をえぐり、先端形成到達以前で製作

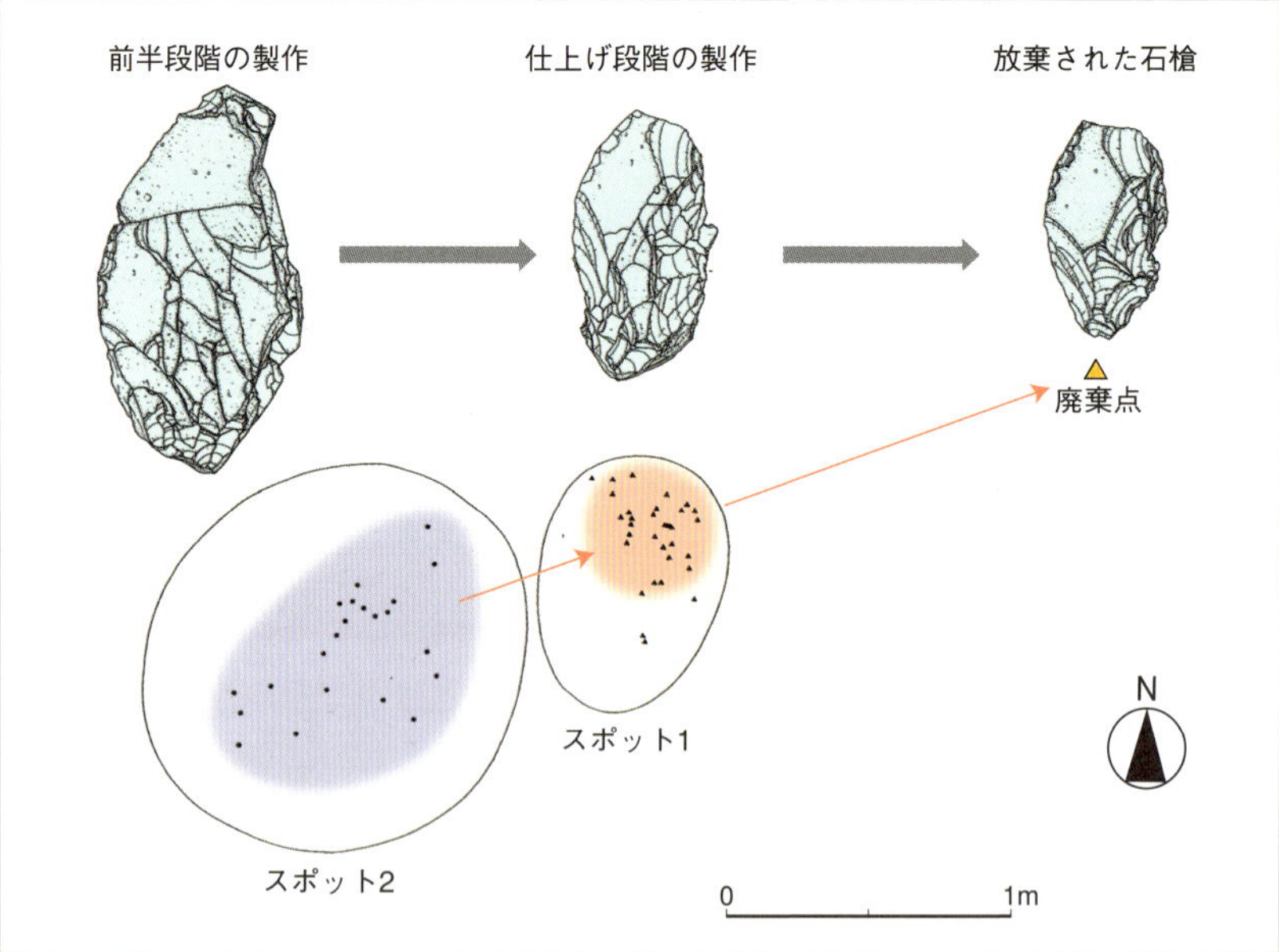

図29 ● 母岩3から石槍を製作した際の分担
①スポット2で、製作の前半段階を担当している。
②スポット1で、製作の後半＝仕上げ段階を担当している。
③しかし、製作に失敗して、スポット外に放棄された。
以上の過程は、二人の製作者がかかわったことを示す。

を放棄せざるを得ない状況に陥っている。

問題は、形成の前半段階がスポット2で、後半段階がスポット1でおこなわれたことが、調整剥片の廃棄からわかる。つまり、一つの石槍を完成させる過程に複数の製作者が関与していた事実を想定させる事例だ。

こうしてみると、スポット1の製作者は石槍の仕上げ段階にかかわっており、仕上げを担当したスペシャリストと思われる。石槍製作者集団は製作過程を分担した組織的な製作者集団であったのか。その回答をここでは明確に提言できないが、B地点の石槍製作跡には製作作業以外の痕跡がほとんど存在しないことから、生活跡に内在していた石刃製作跡とは異なった製作専従地点であったことは明確である。

それでは、搬出された石槍はどこにもたらされたのか。遺跡間に移されるなかで、つまり遊動生活のなかでどのように使われたのか。

3　長期的・計画的な再利用

相模野台地のケース

八風山産の大型石槍がどこにもたらされたかを直接検討できる事例はいまのところない。在地である佐久平での展開が基本的確認事項であるが、下茂内遺跡を含めた製作遺跡以外の遺跡はまったく検出されていないのが現状である。そこで、産地は異なるが、神奈川県の相模《さがみの》野台地の事例から検討してみよう。

相模野台地では、箱根産のガラス質黒色安山岩製の大型石槍を特徴的にもっている、河川の流域を単位とした遺跡群が確認されている。

日常生活のよりどころとして形成された遺跡を、原産地遺跡に対して「生業地遺跡」とよべば、相模野台地では、原産地遺跡はみつかっていないが、箱根産と判別された石槍が、相模野台地のなかの生業地遺跡間をつなぐように持ち運ばれていた。ひとつの遺跡で使い捨てられるのではなく、生業地遺跡間相互で継続的に持ち運ばれていたのである。

神奈川県の寺尾《てらお》遺跡第Ⅰ文化層では、ガラス質黒色安山岩（報告書では玄武岩《げんぶがん》）製石槍が四三点検出された（図30）。

大型石槍を特徴的にもつ石器群だが、一〇センチをこす大型品は二点と少なく、九、八センチの中型品、六から三センチの小型品を主体とし、大きさの多様性がみられる。

図30 ● 神奈川県寺尾遺跡の両面調整石槍
大型から小型、幅広から細身の多様性に注目してほしい（左上の長さ10.9cm）。

その多様性は細身の柳葉形《りゅうようけい》、幅広の木葉形《もくようけい》といった形状にも表現される。この多様性はなぜ生じたのか。

各地での仕上げと再製作

寺尾遺跡や相模野台地の河川流域遺跡群から出土した両面調整技術による石槍は、製品のかたちで搬入される以外に、各遺跡で初期あるいは仕上げ、再製作という異なった段階の製作作業がおこなわれていた。原石に復元されることはないが、明らかに同一個体と識別さ

図31 ● 八風山Ⅵ遺跡の石槍再製作
1. 大型石槍製作中に先端部が折れ（➡）、再製作するが、▶で再度折れて放棄。長さ22.6cm（接合状態）。
2. 製作中に折れ（⬅）、下半部で小型石槍製作をおこなうが、◀で再度折れて放棄。長さ14.2cm（接合状態）。

れた石屑の存在がそれを証明する。

八風山原産地製作遺跡で確認した大型石槍の製作工程を思い出してほしい。まず全体の形状を粗く作り出し、幅広のものから調整加工をくり返すことによって徐々に細身で薄手の精巧品に仕上げていった。また、製作中に折れたものを小型の石槍に変更する過程も存在していた。つまり、大型石槍は製作の工程で、さらには欠損後にも、その時々の形態を有していた（図31）。

製作初期の大型幅広形態の状態で搬入すれば、そのままでは石槍として使用できないが、側縁を整形することによって、「切断」や「削り」の工具として使用可能だ。また、整形された側縁を調整打面として石槍に仕上げれば狩猟具となる。

さらに、狩猟具とされた石槍も、その鋭い縁辺を工具として使用することが可能だ。あるいは、使用により先端が折れたり、側縁が鈍くなった場合は、調整加工を施すことによってメンテナンスは可能だ。真二つに折れても、小型の石槍に作り変えられる。再製作により、そのかたちを変え再使用できるのである。

石刃製石槍は、破損すれば一時的に工具に使われても短命だ。しかし、両面調整技術による石槍は、このようにいろいろな用途に使用しつづけられる。相模野台地の遺跡間で継続的に使用された背景や寺尾遺跡に多様な石槍が残された理由がそこにある。

つまり、後期旧石器時代の遊動生活において両面調整技術による石槍が果たした革新とは、長期的・計画的な道具使用をより強化したことにある。

石屑を利用した経済的な石器の製作

この原料消費の経済性に関して、また別な視点からも興味深い事実がある。両面調整石槍のもう一つの側面として、石核としての役割が存在していたからだ。

第1章で、石刃製石槍と両面調整石槍の根本的な差は、前者が打ち剥がされた石片を利用し、後者が打ち剥がした核を利用する点にあると述べた。しかし、大型石槍の捨てられた調整剥片には、工具として使用するのに十分な大きさと鋭い縁辺が存在していた。調整剥片を使用せずに石屑としてしまうのは明らかに不経済である。

八風山Ⅵ遺跡B地点で調整剥片の使用が確認できなかったのは、石器をほとんど使用することのない製作専従地のためであり、通常の生業地では利用されたのではないか。その答えは生業地遺跡に求めるまでもなく、八風山Ⅵ遺跡に残されていた。

八風山Ⅵ遺跡C地点の石槍石器群は、試掘での確

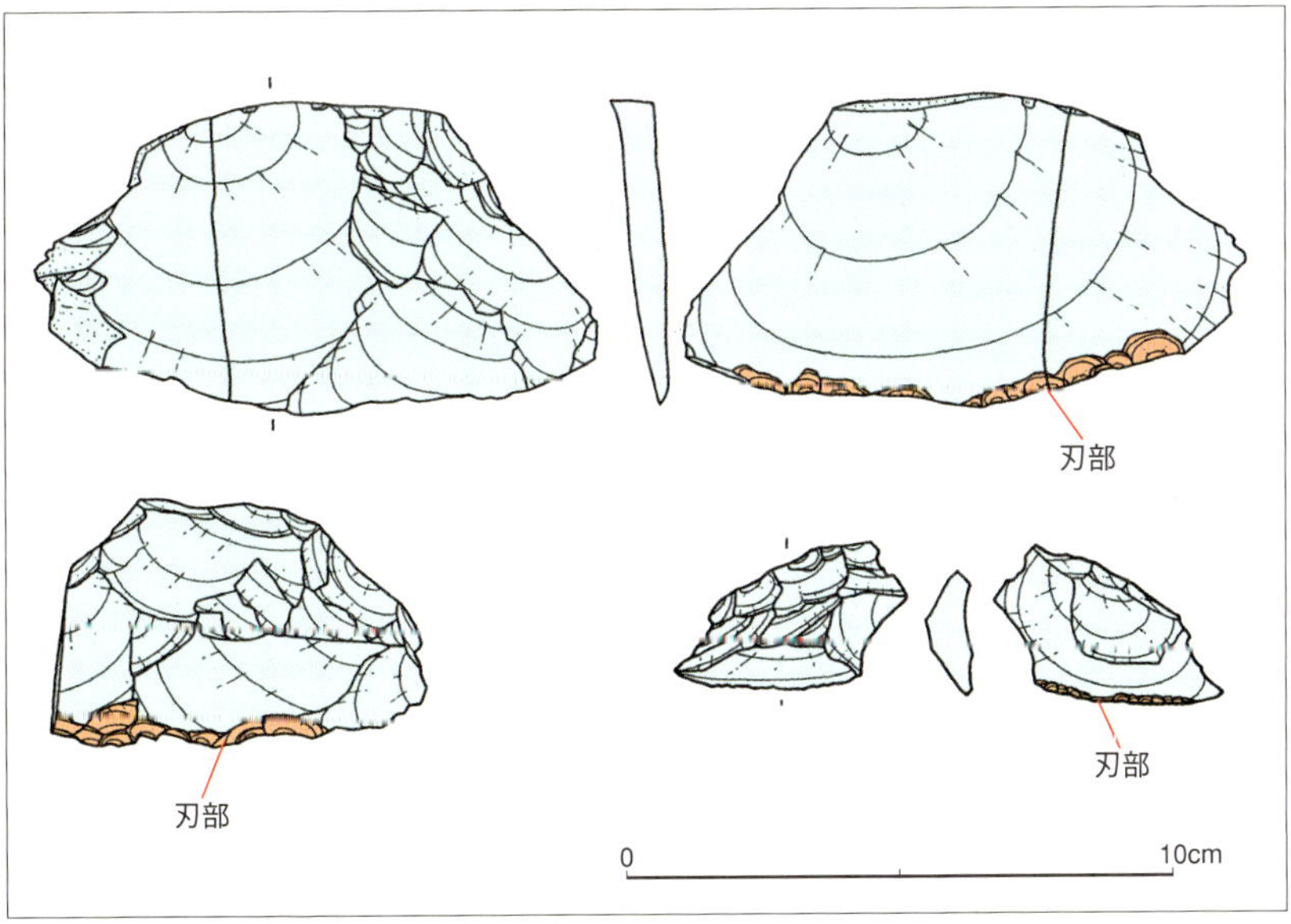

図32 ● 石槍調整剥片を用いた削器（上がⅥ遺跡C地点、下がⅠ遺跡）
下方の縁辺に調整加工で刃部が作られている。用いられた剥片が石槍調整剥片であることが、表面の重複する大小の鱗状剥離面からわかる。

認に止まり全貌は不明であるが、出土した石器のなかに石槍調整剥片を利用した削器が存在していた。なかには周辺調整の小型石槍と考えられる資料にも利用されていた。こうした資料は点数が少ないが八風山Ⅰ遺跡や下茂内遺跡第Ⅰ文化層にも含まれていた（図32）。

それらは具体的な調整加工や刃こぼれの存在から判断できる石器であるが、立科F遺跡で証明された剥片の便宜的な使用方法を思い出してほしい。つまり、相模野台地での移動ごとの石槍の製作更新には、便宜的な石器の生産過程が含まれていたと考えられるのである。ここに大型両面調整石器の経済性があるのである。

4 実用をこえた優美な石槍

神子柴遺跡の大型石槍

以上のような相模野台地での大型石槍のあり方は、日常的石器であり、大型であるのはその経済性のあらわれであった。生活の主要道具であるから、当然といえば当然の結果だ。

同様に、八風山原産地製作遺跡で製作・搬出された大型石槍も、継続的使用を考慮した形態と考えられる。しかし、先に八風山Ⅵ遺跡B地点の母岩1でみた、個体Eから作られたであろう大型で精巧な石槍（図27参照）は、とても日常的石器とは考えられない。特殊な製作がおこなわれていたこともまぎれもない事実である。

個体Eの石槍を製作するために消費された石屑は、重量で換算すれば石槍の一五倍以上だ。

そこに投資された労力と技術はなにを目指していたのだろうか。

新潟県の上《うえ》ノ《の》平《たいら》遺跡C地点ではガラス質黒色安山岩を石材とした長さ二七センチ、厚さ一センチの驚異的な大きさと薄さの石槍が検出された。長い柄が着けられた石槍より、短い柄が着けられた短剣とよべるものだ。どうしてこのような精巧な石槍をつくったのだろうか。

両面調整技術の石槍は鋭さと重厚さを兼ね備え、石刃製石槍より威力のある狩猟具であるが、調整加工が精巧なほど威力が格段に高いとはいえないだろう。大型石槍には実用品以外のものがあるのでは。それを強烈に主張するのが長野県神《み》子《こ》柴《しば》遺跡出土の大型石槍である（図33）。

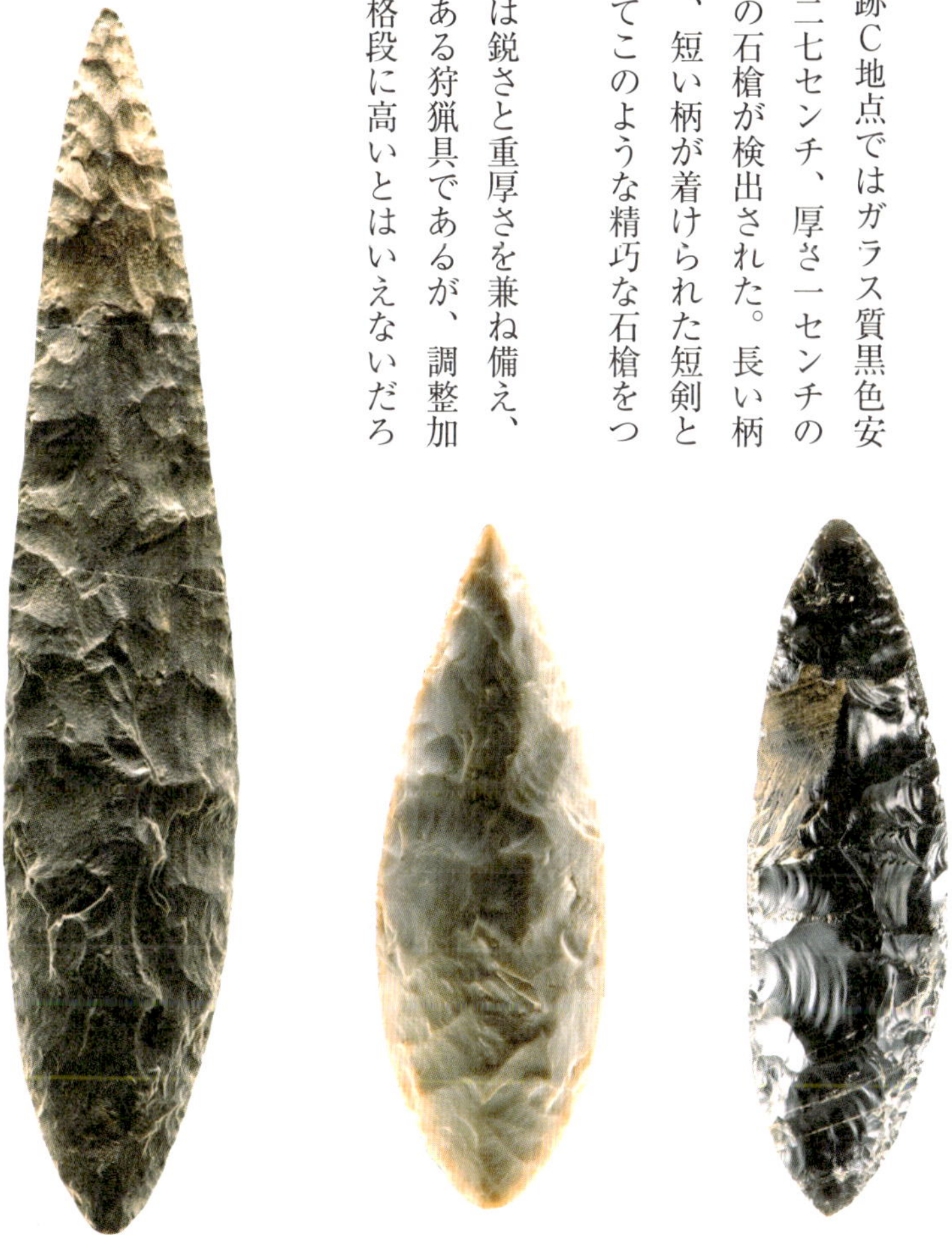

図 33 ● **長野県神子柴遺跡の大型石槍**
左は下呂石、中央は玉髄、右は黒曜石で作られている。その美しさには目を奪われる（左の長さ 25.2cm）。

神子柴遺跡では、両面調整石槍一六点、石斧一三点、掻器三点、石刃一二点、石核七点、砥石二点が、南北五メートル、東西三メートルの楕円状に配置されていた。

石屑を含まず優品ばかりで構成されるその特殊な、遺存状態については後述するとして、まず大型石槍に注目しよう。長さ二五センチ、厚さ一センチの最大優品は、岐阜県下呂《げろ》市湯ヶ峰に産する下呂石《げろいし》を用いる。それ以外に長さ一〇センチをこえる大型石槍は八点で、黒曜石、玉髄《ぎょくずい》、珪質頁岩《けいしつけつがん》を石材とする。ガラス質黒色安山岩は大きさでは優るが見た目の美しさはやや劣る。その点で神子柴遺跡の大型石槍は輝き、「実用品をこえたなにか」であることを主張している。

大型刃部磨製石斧の登場

それは神子柴遺跡出土の大型石斧でも同様である。

第1章で、世界最古の磨製技術で製作された刃部磨製石斧の製作技術は両面調整技術であることを述べた。その両面調整技術は、鋭利な刃を作り出すためのものではなく、柄に装着するための形を整える点にあったことを指摘した。そして石斧は、石刃技法が革新され、石刃製石槍が発達する過程で消滅していた。

ところが、大型石槍製作が開始されると、この両面調整技術がバージョンアップして再登場した。それが神子柴遺跡の刃部磨製石斧である（図34）。

最大長二三センチを代表に九点が二〇センチをこす大型品で、両面とも全面に調整剝離を施し、厚さ四センチほどの重厚な短冊形に整えられていた。最古の刃部磨製石斧が礫面を残すことが多かったのに対して、明らかに熟達した両面調整技術がうかがえる。

それは大型盤状剥片を素材とする石槍技術と共通する。より繊細な研磨を可能とした手持ち砥石の開発、前処理である敲打《こうだ》技術工程を含む磨製技術の確立により、身の半分までていねいに研磨され、断面三角形の片刃の刃部が特徴的に作り出された。伐採用の典型的な横斧だ。

しかし、神子柴遺跡の石斧には使用された痕跡が見られない。長野県開田《かいだ》高原にある唐沢《からさわ》B遺跡にも、未使用の大型石斧が集中して

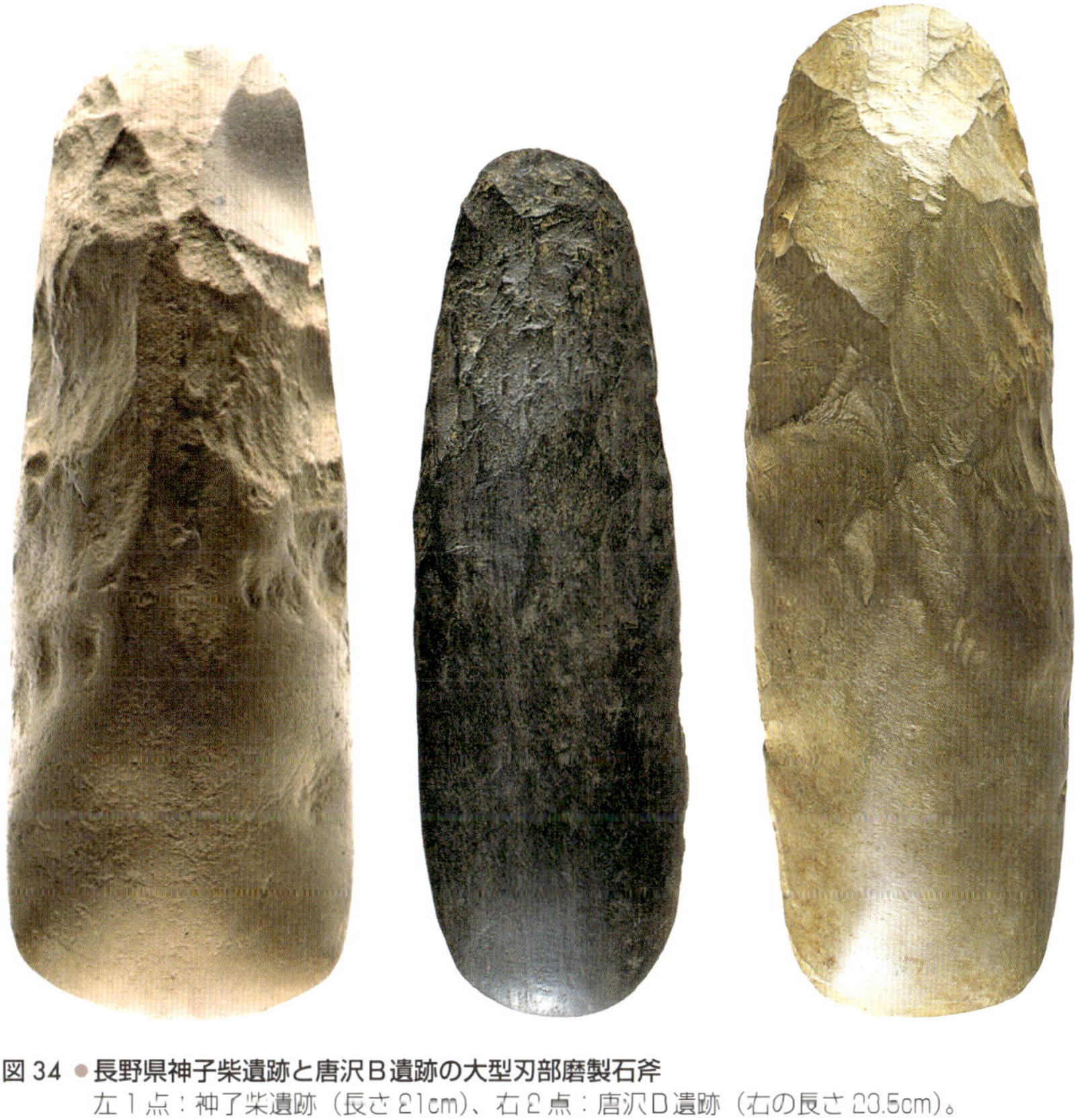

図 34 ● 長野県神子柴遺跡と唐沢Ｂ遺跡の大型刃部磨製石斧
左１点：神子柴遺跡（長さ21cm）、右２点：唐沢Ｂ遺跡（右の長さ23.5cm）。
堤隆による使用痕分析では、未使用の可能性が高いという。

残されていた。その特殊性から國學院大學の谷口康弘は「財としての石斧」を提唱し、パプアニューギニア諸族の事例を参考に大型石斧を婚資（花嫁代償）としての交換財と考える。「財としての石槍」は存在するのか。

地域集団相互の社会関係を統合する社会的機能

大型石槍は使用過程で製作更新され、かたちを変え縮小した。それでは、なぜ神子柴遺跡に大型で優美さが維持された石槍が残されていたのか。そこには、経済性では説明できない社会性がかくされているのにちがいない。

野尻湖ナウマン象博物館の中村由克《よしかつ》は、神子柴遺跡の石器石材を鑑定し、その産地を推定した。石斧は遺跡近在地の砂岩・凝灰岩などであるが、下呂石の石槍は六二キロ西の岐阜県、玉髄・珪質頁岩の石槍は二〇〇キロ以上北の新潟県以北から運ばれた石器である。

黒曜石は中部高地である可能性が高いが、中部高地で純度の高い大型の原石をさがすことは困難である。また、黒曜石は均質な石材として剥片石器にはもっとも有効な石材であるが、均質であるがために不均質な石目が発達した安山岩のような盤状剥片を剥離することは難しい。大型石槍の素材は、純度の高い大型板状原石というきわめて厳選された限定品である。神子柴遺跡の黒曜石製石槍には板状礫の礫面が一部残されているが、それは未製品を意味するのではなく、限定品を意味するのである。

神子柴遺跡には広域からもたされた石器が存在した。東京大学の安斎正人《あんざいまさと》は、集団群が集結し、同属意識の再確認と社会的統合のために儀礼・交換がおこなわれ、集会後にその祭儀用具が埋納された場と解釈する（図35）。そこには後期旧石器時代開始期の環状集落が果たした社会的役割の進化がみいだせる。

相模野台地の河川流域単位に形成された遺跡の群集に示されるように、限られた地域を単位とした社会が形成され、日常的な移動領域が固定した地域集団相互の社会的共有材としての大型石槍・大型石斧の存在を指摘できようか。

両面調整技術による大型石器製作が示す技術革新には、環境の変化で複雑化した地域集団相互の社会関係を統合する社会的機能があったことを歴史的に評価しなければならないのである。

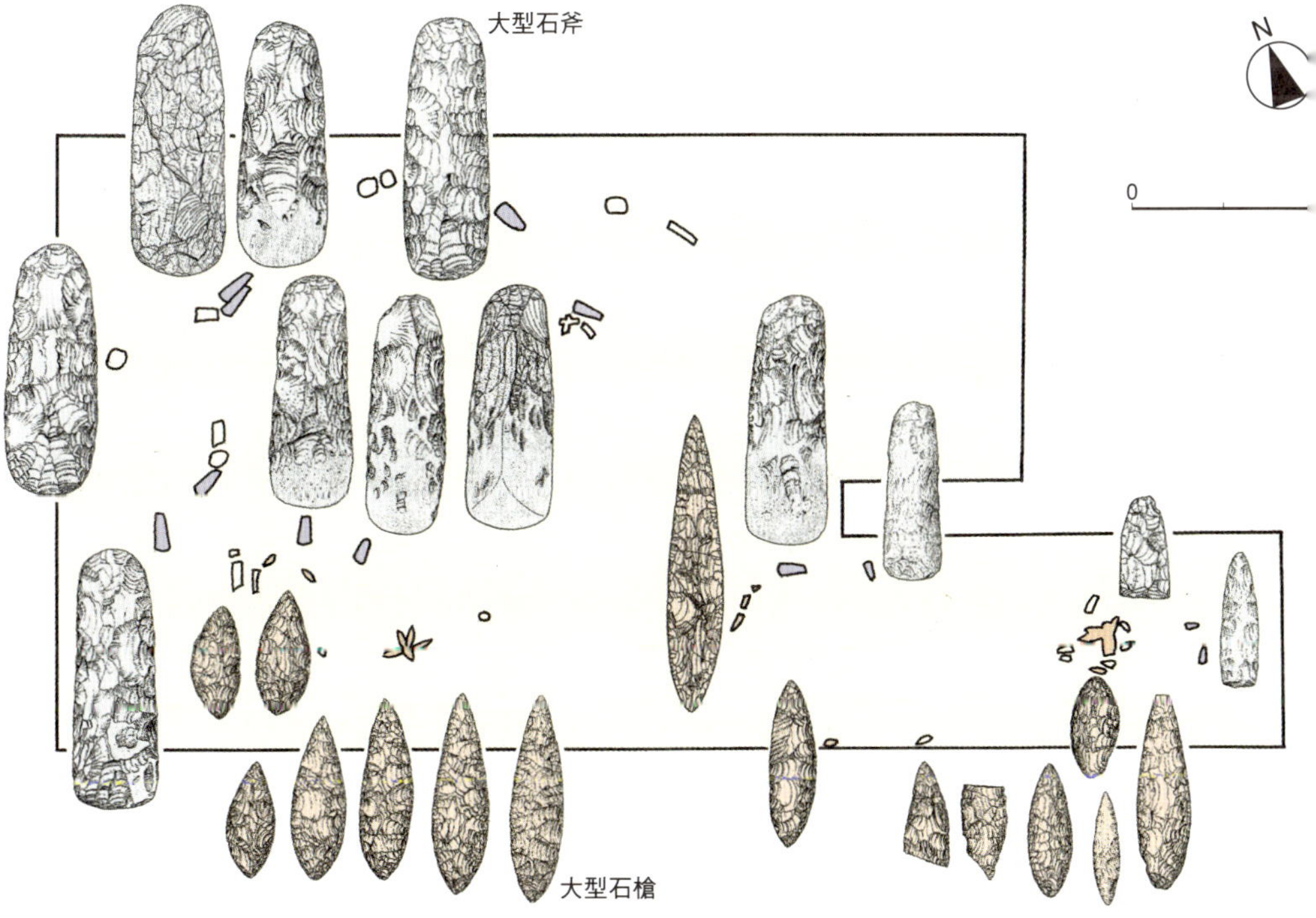

図35 ● **神子柴遺跡における大型石槍と大型石斧の残され方**
あたかも在地の石斧製作集団と各地から集結した石槍製作集団が南北に対峙した情景を思わせる。

第5章　旧石器社会の進化

1　後期旧石器時代のはじまり

現代型人類の起源

以上、八風山遺跡群を紹介しながら、三万二〇〇〇年前の後期旧石器社会のはじまりをみちびいた石刃技法による石槍の発明と、一万三〇〇〇年前ごろの後期旧石器社会から縄文社会への移り変わりをみちびく両面調整技術による石槍の革新を解説してきた。それは、時代と社会を大きく変える技術革新であった。

それでは、旧石器社会の技術は、どのような段階を経てそうした革命的技術革新にいたったのか。最終章では、人類史的な技術革新の流れと、関東・中部地方における後期旧石器時代の地域的な技術革新の流れから、旧石器社会が現代社会に伝える「進化」の本質をみていこう。

現代人すべての共通祖先は、約二〇万年前にアフリカで旧人から進化した現代型新人であり、その後世界中に広がった結果として、各地の現代人集団が形成されたというアフリカ単一起源説が、現在、もっとも有力視されている。

その過程で、石刃技法は現代型新人の象徴的な石器製作技術である。南アフリカのクラシーズリバーマウス遺跡では約七万年前の石刃技法が確認され、さらに古い年代の石刃技法が現代型新人の起源問題として追究されている。

八風山Ⅱ遺跡の石刃技法は、日本列島における後期旧石器社会の形成を示すと同時に、地球規模での現代型新人の拡散と地域集団の形成過程を示唆しているのである。

後期旧石器時代のはじまり

ユーラシア大陸での後期旧石器時代の開始年代は、四万年前から三万年前ごろと推定されている。その技術革新はルヴァロワ技法から石刃技法への改革である。

ルヴァロワ技法（図36）は、ヨーロッパの中期旧石器時代における伝統的な石器製作技術で、石核を整えてルヴァロワ型尖頭器などの決められた剥片を作り出すことを特徴とし、その担い手はネアンデルタール人である。一方、石刃技法の担い手はアフリカからヨーロッパへ拡散した現代型新人のクロマニヨン人と考えられている。

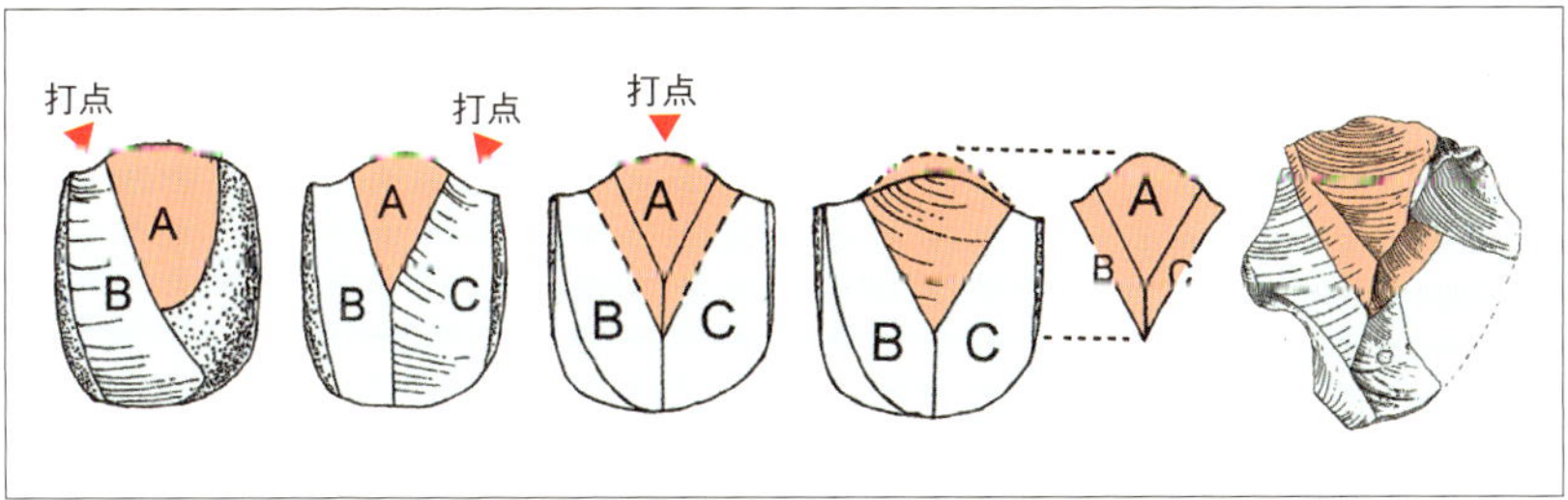

図36 ●ルヴァロワ技法とルヴァロワ型尖頭器
Aの尖頭器を作るために、B・Cの剥片をとり除く。右端が実測図。
システマチックだが、作れるものは尖頭器に限定され、無駄も多い。

ユーラシア大陸東部におけるルヴァロワ技法はシベリア・モンゴルでも確認されている。札幌大学の木村英明《ひであき》は、石刃石核とルヴァロワ型石核の中間形態がバイカル湖西方のマリタ遺跡でみつかったことから、シベリアにおける石刃技法の起源は、在地のルヴァロワ技法から出現したと考える。シベリアには現代型新人の拡散はないという意見だ。

そのシベリアの資料に注目すべき石刃技法が存在する。カラ・ボム遺跡の第5・6文化層でみつかった、盤状石核の小口面から石刃を剥離する技術である。

東京大学美術博物館の折茂克哉《おりもかつや》が、シベリアにおける後期旧石器時代開始期の特徴的技術と指摘している。その年代は約四万三〇〇〇年前と古く、八風山Ⅱ遺跡の「小口型石刃技法」の起源を示唆する事例として興味深い。

日本列島の旧石器時代は一時期、一〇〇万年前の原人にまでさかのぼろうとしていたが、前期旧石器の発掘捏造が発覚した現在、後期旧石器時代以前は不明といわざるをえない。また、直接的な分析資料である旧石器時代人骨の発見がきわめて困難な状況にあることもあって、現代型新人の拡散問題には今一歩踏み込めないのが現状である。ただ、ネアンデルタール人の中期旧石器時代に比較して、明らかな技術革新が存在していたことは八風山Ⅱ遺跡の石刃技法が証明している。

後期旧石器時代はじまりの技術革新＝原石の計画的消費

その技術革新には地域を特徴とする独自の多様性があった。カラ・ボム遺跡では、石刃から掻器・彫器が製作されていた（図37）。石刃生産の技術的革新の意味は、多用な石器の素材となる石刃の量産にあると一般に評価されている。

それに対して、八風山Ⅱ遺跡の石刃技法は、石刃製石槍の製作技術という点で革新を示したが、石刃の生産効率ではむしろ優れたものではなかった。八風山Ⅱ遺跡の石刃技法の意味は原石全体の計画的消費システムにあった。

東京大学総合博物館の西秋良宏《にしあきよしひろ》によると、ヨーロッパの中期旧石器時代の遺跡で消費された原石のほとんどは五キロ以内の近場で採集されたものであり、原石は基本的に一遺跡で消費され、道具や整形された石核が遠隔地まで運ばれることはなかったという。

それに対して、八風山Ⅱ遺跡の石刃製石槍は製品として広域に運ばれていた。また、八風山産ガラス質黒色安山岩円礫が広域に運ばれ、さらに原石形状に対応した技術を用いて、石刃製石槍とは別立ての道具を生産した。

この遊動生活における原石の計画的消費に示される経済性が、後期旧石器時代の技術革新を示し、社会進化の本質を伝えるのである。

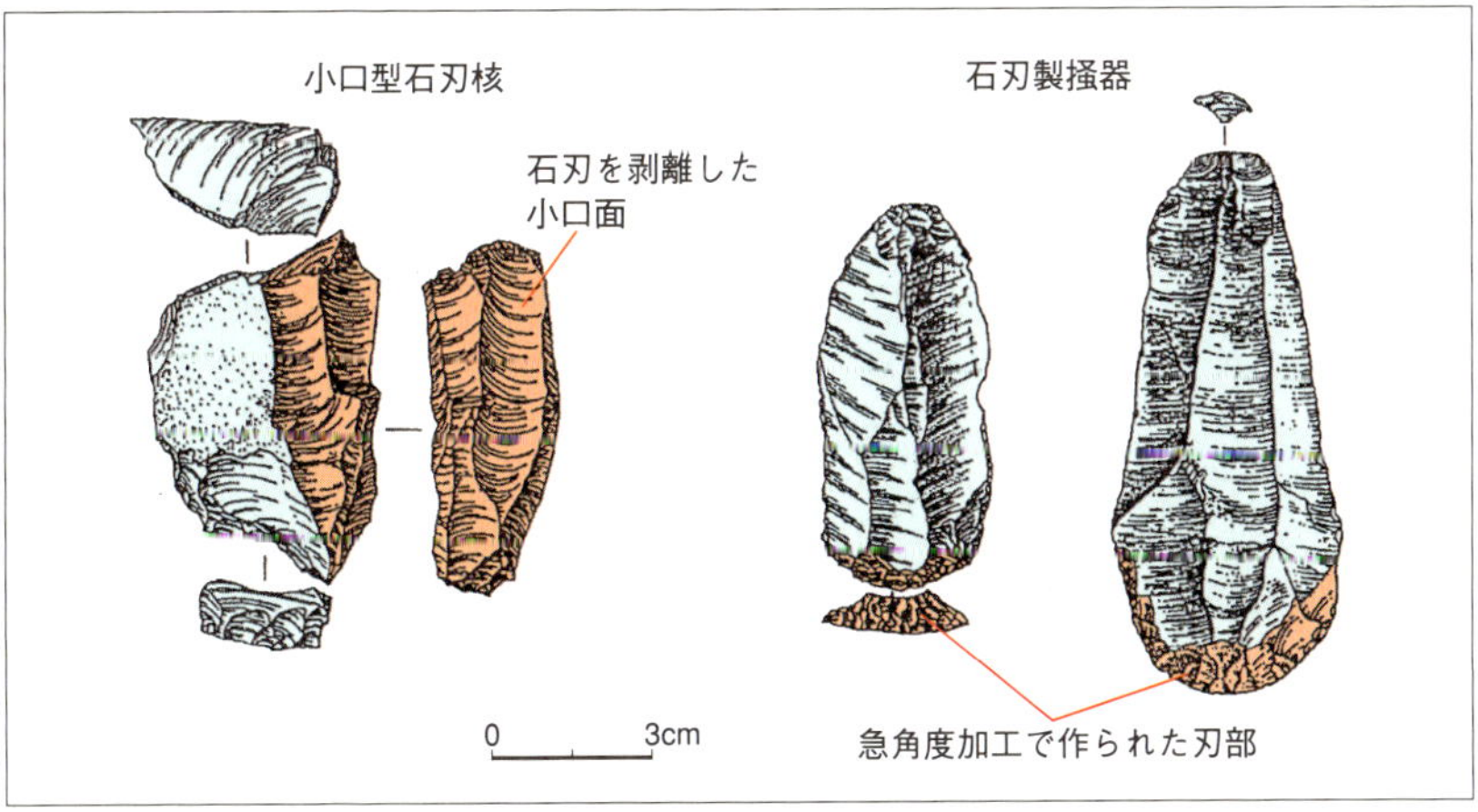

図37 ● カラ・ボム遺跡の小口型石刃核と石刃製掻器
この遺跡では、掻器・彫器などの多用な石器の素材となる石刃を量産した。

2　石槍進化の道のり

日本列島における後期旧石器時代の段階変遷

このように日本列島に特徴的な石刃技法が石刃製石槍の発明である。そして、その発展過程でも特徴的な技術革新があった。それは日本列島内のさらに限定された地域ごとの石刃製石槍の発展過程である。

日本列島における後期旧石器時代の代表的な段階変遷は、南関東地方の立川ローム層から堆積の順番で発見された石器群を基準とする。八風山Ⅱ遺跡の石刃石器群とⅥ遺跡の大型石槍石器群における前後関係が確定できたのは、厚い降下火山灰が示す堆積の前後関係であったことを再確認してほしい。南関東地方の立川ローム層による段階変遷は、古いほうからⅩ層段階、Ⅸ層段階、Ⅶ層段階、Ⅵ層段階、Ⅴ・Ⅳ下層段階、Ⅳ上層段階、Ⅲ層段階ととらえられている。これから、その段階変遷を基準に、地域的に展開された石槍の発展過程をたどってみよう。

Ⅹ層段階の小口型石刃技法

後期旧石器時代開始期における石刃技法の分布は、現状では東北・中部・関東地方で、北海道と東海以西では確認されていない。また、その製作遺跡は八風山Ⅱ遺跡を典型とする大型原石産地に限られる。

南関東地方における最古の段階は約三万二〇〇〇前のⅩ層段階で、そこでは刃部磨製石斧は数多く確認されるが、大型石刃製石槍はあまりみつからない。それは石刃製作に適した在地の原石が小さいからで、小型の小口型石刃技法が、東京都の武蔵台《むさしだい》遺跡・多摩蘭坂《たまらんざか》遺跡で確認されている（図38）。一方、東北地方では、大型で良質の原石である珪質頁岩が広範囲に分布しているため、八風山Ⅱ遺跡と同様な小口型石刃技法と、大型石刃製石槍の製作が広範囲でおこなわれていた。

南関東地方、とくに千葉県では石器に適した石材がないが、優秀な狩り場である下総《しもうさ》台地には、狩りの集団が集結し、遠隔地から石材が持ち込まれた。千葉県立中央博物館の田村隆、国武貞克《くにたけさだかつ》の地道な石材研究により、東北・北関東・中部高地から珪質頁岩・黒色頁岩・黒曜石などの良質石材が下総台地に持ち込まれた具体的な過程が解明され、後期旧石器時代開始期の広域遊動生活が証明された。

Ⅸ層段階の周縁型石刃技法

さらに千葉県では、他の地域に先駆けて、約二万八〇〇〇年前のⅨ層段階に石刃技法の改良が開始されたことが判

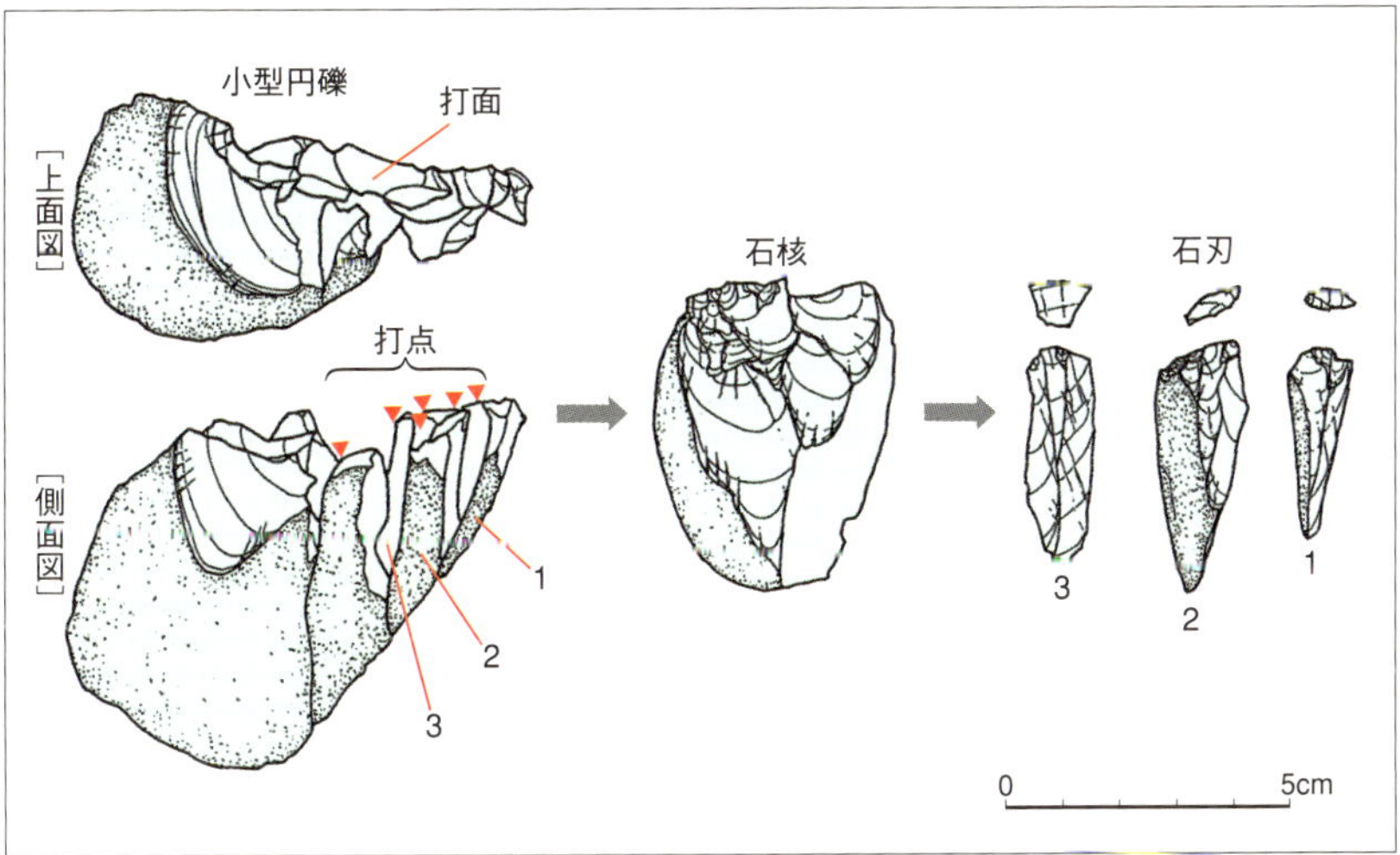

図38 ● 東京都武蔵台遺跡の小口型石刃技法
八風山Ⅱ遺跡の最小例である母岩１個体５と同じ石刃剥離過程を示す。
小型円礫の分割剥片を石核とし、得られた石刃はさらに小型である。

明した。東北地方では原石が豊富なため、いわば浪費型である小口型石刃技法をあえて変える必要性はなかった。ところが下総台地は石材がないため、そのつど原産地におもむかなければならなかった。それを軽減するためには、移動先の各地点で石刃生産がおこなえる運搬可能な石核を製作する必要があった。必要は発明の母ということである。

小口型石刃技法の石刃剥離は小口面に限定され、その生産性は高いものではなかったし、何よりも大きな原石を必要とした。それに対して、河川で悪質な部分が淘汰された珪質頁岩の良質円礫を用いて、打面・石刃剥離稜を整形した石核を作り出し、石刃剥離が石核全周から量産できる経済的な石刃技法を開発したのである。それは「周縁型石刃技法」とよばれる。南関東地方のⅨ層段階では、他の地域より早く原産地製作遺跡で整形された石核が持ち運ばれ、移動先の各遺跡で順送りにおこなわれた計画的な石刃生産で消費された。

第2章で説明したように、石刃技法の量産技術は、鋭い両側縁が平行し、断面が台形の二稜石刃を連続的に剥離す

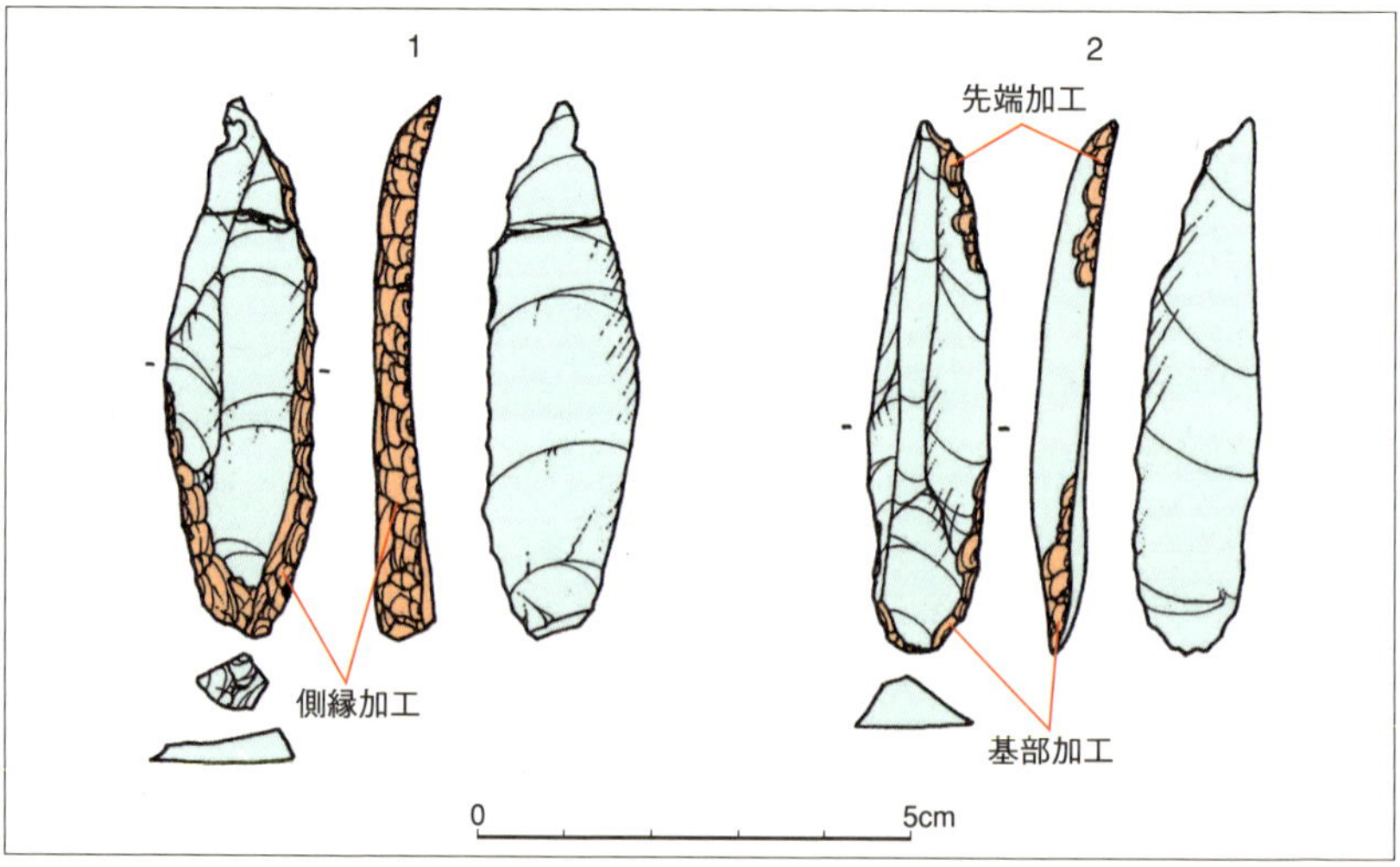

図39 ● 側縁加工技術で整形された石刃製石槍（千葉県中山新田Ⅰ遺跡）
1は打面が基部に残されるが、右側縁全体が調整加工で整形される。
2は打面が先端に位置し、それが切りとられている点に注目。

る技術であった。すると、先端が尖鋭な一稜石刃を素材とした石槍の製作には適さないという結果が生じる。その矛盾はいかに解消されたか。その答えは、石核に整形加工を施すのと同様に、石刃に明確な整形加工を施すことである。平縁な石刃端部あるいは打面、そして幅広となった側縁を切りとる急角度の調整加工を施して、柳葉形の石槍形状を整形する「側縁加工技術」の開発である（図39）。

Ⅶ層段階の石刃製石槍の確立

約二万七〇〇〇前のⅦ層段階に至ると、周縁型石刃技法と側縁加工技術が確立した。そして、石刃の石槍として不要な部分は切りとられ、先端と基部が共に尖鋭な柳葉形をかたどった石槍の典型形態が確立した（図40）。なお、先端と基部が調整加工で整形された形態は「基部加工のナイフ形石器」、先端と基部、さらに側縁が調整加工で整形された形態は「二側縁加工のナイフ形石器」とよばれてきたものである（ここから石槍に対してさまざまな石器の名称が登場するが、石槍製作技術上の個別形態の名称と理解して読み進めてほしい）。

後期旧石器時代開始期のⅩ・Ⅸ層段階では、石刃製石槍とは別立ての狩猟具である台形石

図40 ● 完成された石刃製石槍
東京都中神明遺跡の大型柳葉形石槍。左側縁、さらに基部の打面は切りとられ尖鋭な形に整えられる（長さ8.9cm）。

器を主体に用いるなど、場当たり的な狩猟方法がとられていたが、Ⅶ層段階は発達した石刃製石槍を主体とする、より計画的な狩猟方法が確立したと考えられるのである。

Ⅸ層段階に南関東地方に整形された石核が運ばれ、計画的な石刃生産と側縁加工形態の開発がおこなわれたことをのべたが、原石・石刃を縮小する技術のため、当然の帰結としてその石刃製石槍は小型品となった。このⅦ層段階では大型石槍を製作するために、原産地にⅩ層段階を上まわる大規模な製作遺跡が形成された。北関東地方の群馬県後田《うしろだ》遺跡や勝保沢中ノ山《かつぼざわなかのやま》遺跡では、近隣の河川から大量に採取した黒色頁岩やガラス質黒色安山岩の大形原石を用いて、石刃と石刃製石槍を集中的に製作した。石刃技法は発展した周縁型を用い石刃を量産した。石槍の製作技術では、側縁加工技術の開発により、細長い一稜石刃に限定されることなく、幅広の二稜石刃も用いて石槍を量産した。さらに側縁加工技術の発達は幅の広い縦長剥片でも細身の石槍製作を可能とし、量産に拍車をかけた。

南関東地方では計画的な狩猟活動にともない、原産地で製作準備された石槍一式が運び込まれた。埼玉県打越《おっこし》遺跡、千葉県野見塚《のみづか》遺跡などの製品ばかりが残されている遺跡がそれを証明する。ただ、八風山原産地は製作遺跡として再び利用されることはなかった。大型角礫は周縁型石刃技法には不向きだったからである。

Ⅵ層段階の中・小型石刃の量産

約二万六〇〇〇年前のⅥ層段階になると、南関東地方の石刃技法と石刃製石槍は別の発達方向を示す。中部高地の黒曜石を原石の状態で多量に南関東に持ち込んで、生業地遺跡で石器製作が開始されたのである。東京都の鈴木遺跡・堂ヶ谷戸遺跡第4文化層、神奈川県の寺尾遺跡第Ⅵ文化層では、信州産黒曜石の原石でおこなわれた石刃製石槍の製作過程が、豊富な接合資料によって確認されている（図41）。

黒曜石原石は、そのサイズと質から大型石刃剥離には不向きな石材であり、前段階の原産地製作遺跡は形成されていない。ただし、目的を中・小型に変更すれば、その均質な材質ゆえに量産が可能となる。Ⅵ層段階の南関東地方への原石の持ち込みと集中的な製作を可能としたのは、石器のサイズの縮小にあった。

Ⅵ層段階の石刃技法はもちろん整形された周縁型石刃技法だが、打面を上下に設けた両設打面から計画的に中・小型の石刃を量産した。また、小型品に製

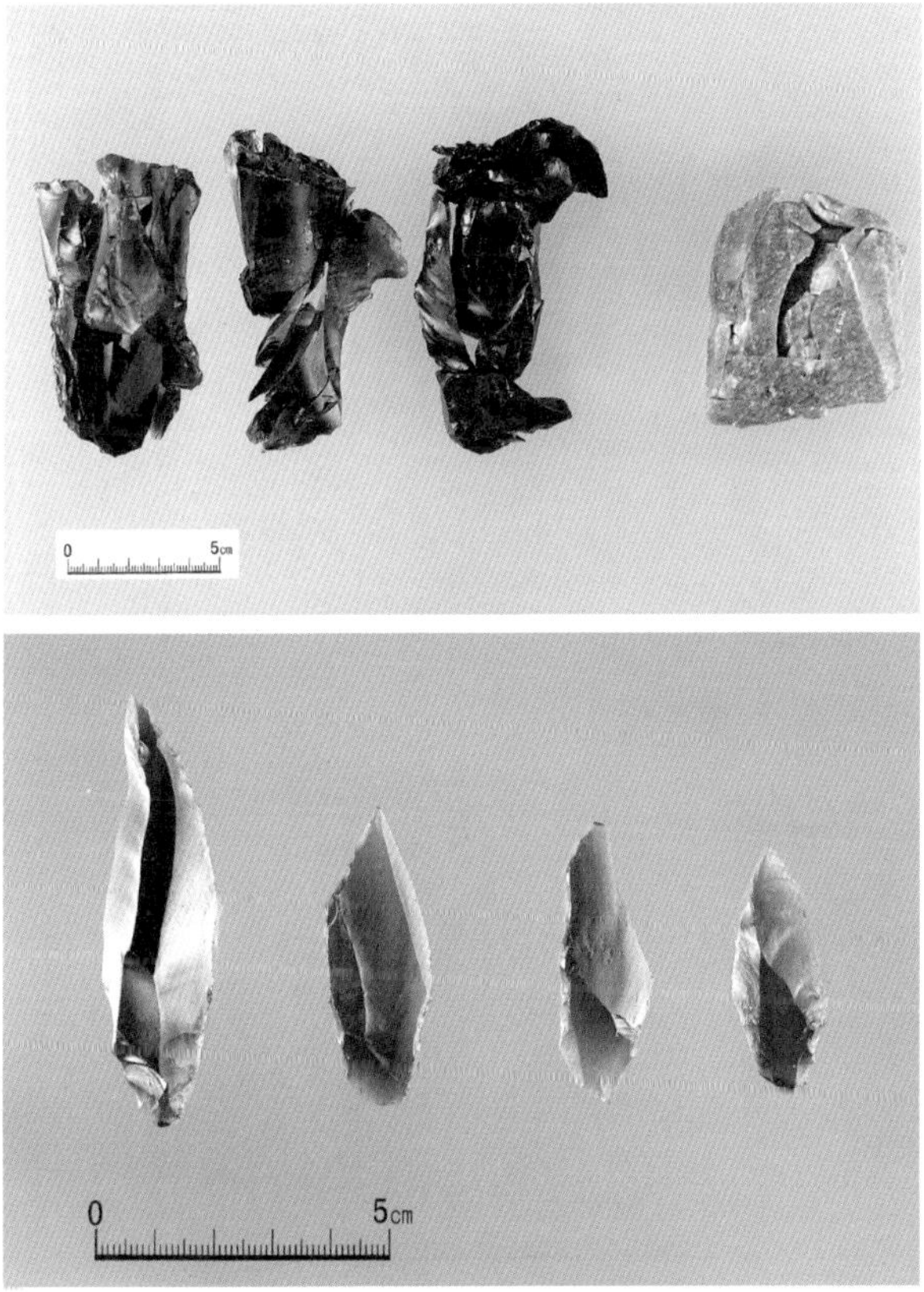

図41 ● 信州産黒曜石による石刃生産と石刃製石槍
上：東京都堂ヶ谷戸遺跡の残核に多くの石刃が接合した資料。
下：側縁加工技術で整形された中型石刃製石槍。

作対象を変更したため、長さが幅の二倍以上という石刃の必要性はなくなった。それで幅広で短いが両側縁が平行する縦長剥片が量産された。

それではなぜ小型になったのか。そのためには狩猟方法の変化などを検討しなければならないが、小型品の特徴的な形態にその解釈の一端が示される。

寺尾遺跡では一六〇点のナイフ形石器が検出されたが、そこには石槍のほかに、切出《きりだし》状の小型品が数多く含まれていた（図42）。その小型品には台形石器のような明確な基部が作り出されていなかった。単独で柄の先端に装着された狩猟具という理解では疑問点が多い。そこで、先端ではなく木製あるいは骨角製シャフトの側面に、それも複数が装着される組み合わせ道具ではないかという想定が生まれる。

じつのところ、柄に装着された状態での発見例がない現在では想定の範囲であり、事実が想定範囲をこえれば、石鏃《せきぞく》と同様に弓矢の出現をも示唆しているのかもしれない。ここではその是非よりも、石槍研究には、次節で説明する植刃槍の検討が必要である点を確認していただきたい。

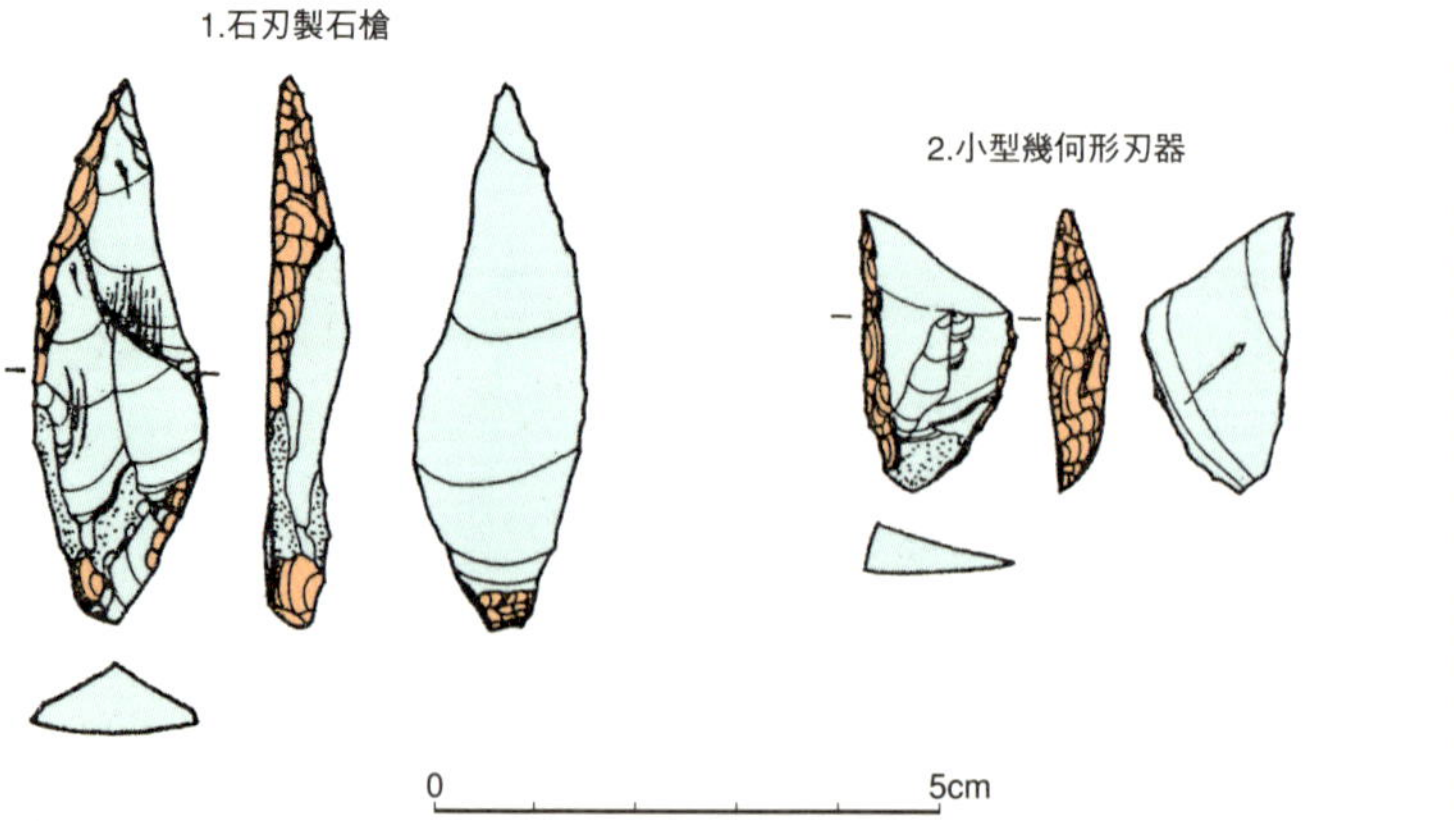

図 42 ● 神奈川県寺尾遺跡の石刃製石槍と小型幾何形刃器
1 が鋭い先端と基部をもつ柳葉形であるのに対し、
2 は斜めの刃部で、基部が不明確。

3　地域社会の確立

後期旧石器時代の一大変革＝両面調整技術

約二万五〇〇〇前の姶良火山の超特大噴火以降、日本の後期旧石器時代は前半期と後半期に区分される一大変革期を迎える。九州島では、朝鮮半島との交流を示す、剥片尖頭器《せんとうき》とよばれる石刃製石槍や角錐《かくすい》状石器とよばれる鋸歯《きょし》状加工で片面が調整された石槍が出現し、瀬戸内・近畿地方では、瀬戸内技法で製作された、国府《こう》型ナイフ形石器とよばれる特徴的な石槍形態が確立した（図43）。

そして、その角錐状石器や国府型ナイフ形石器は、西南日本集団の移動とともに東北日本にもたらされた。Ⅴ・Ⅳ下層段階の南関東地方では、石刃製石槍は主要な狩猟具ではなくなり、角錐状石器の一部や鋸歯状加工で基部が整形された切出型石器が狩猟具として用いられた。鋸歯状加工による厚型の削器類の発達が示す、木製品や骨角製品の改革が要因とも考えられる。

明治大学の安蒜政雄《あんびるまさお》は、Ⅴ・Ⅳ下層段階に南関東地方の各台地に河川流域を単位とした遺跡群が形成され、集団移動領域の固定化現象が生じていたことを明らかにした。そして、その領域が明確な地域社会へと発展する社会進化をもたらしたのが、両面調整技術の開発に起因する石槍製作の革命的革新である。これからは、地域社会を形成した両面調整技術の発展過程をたどってみよう。

男女倉型有樋尖頭器

両面調整技術による石槍はいかなる過程で成立したのか。新たな石器の出現はやはり原産地であった。日本列島で最古級の両面調整石槍が確認されたのは、中部高地の黒曜石原産地製作遺跡と、その製品が運ばれた関東地方の生業地遺跡群であり、その時期はⅣ下層段階から「砂川《すながわ》期」とよばれるⅣ上層前半段階への移行期である。男女倉《おめぐら》型《がた》有樋《ゆうひ》尖頭器《せんとうき》とよばれた、出現期の特殊形態を説明しよう（図44）。

男女倉型という名称は、黒曜石原産地遺跡である長野県の男女倉遺跡が一大製作遺跡であることに由来する。男女倉遺跡に産する黒曜石は夾雑物が多く良質とはいえないが、大型の原石が存在する点が選ばれた要因と考えられる。石槍の要件として大型であることは理想らしい。その両面調整技術が八風山Ⅵ遺跡と同等に最初から完成されていたならば、一気に大型で薄手の柳葉形尖頭器が作り出されたはずである。しかし、時機尚早であった。

厚みを減じる面的調整加工は現代人のわたしたちが挑戦してもきわめて難しいことだが、石器時代の人びとも最初は同じである。結果、先端と基部は尖鋭に成形したが幅・厚さは減じら

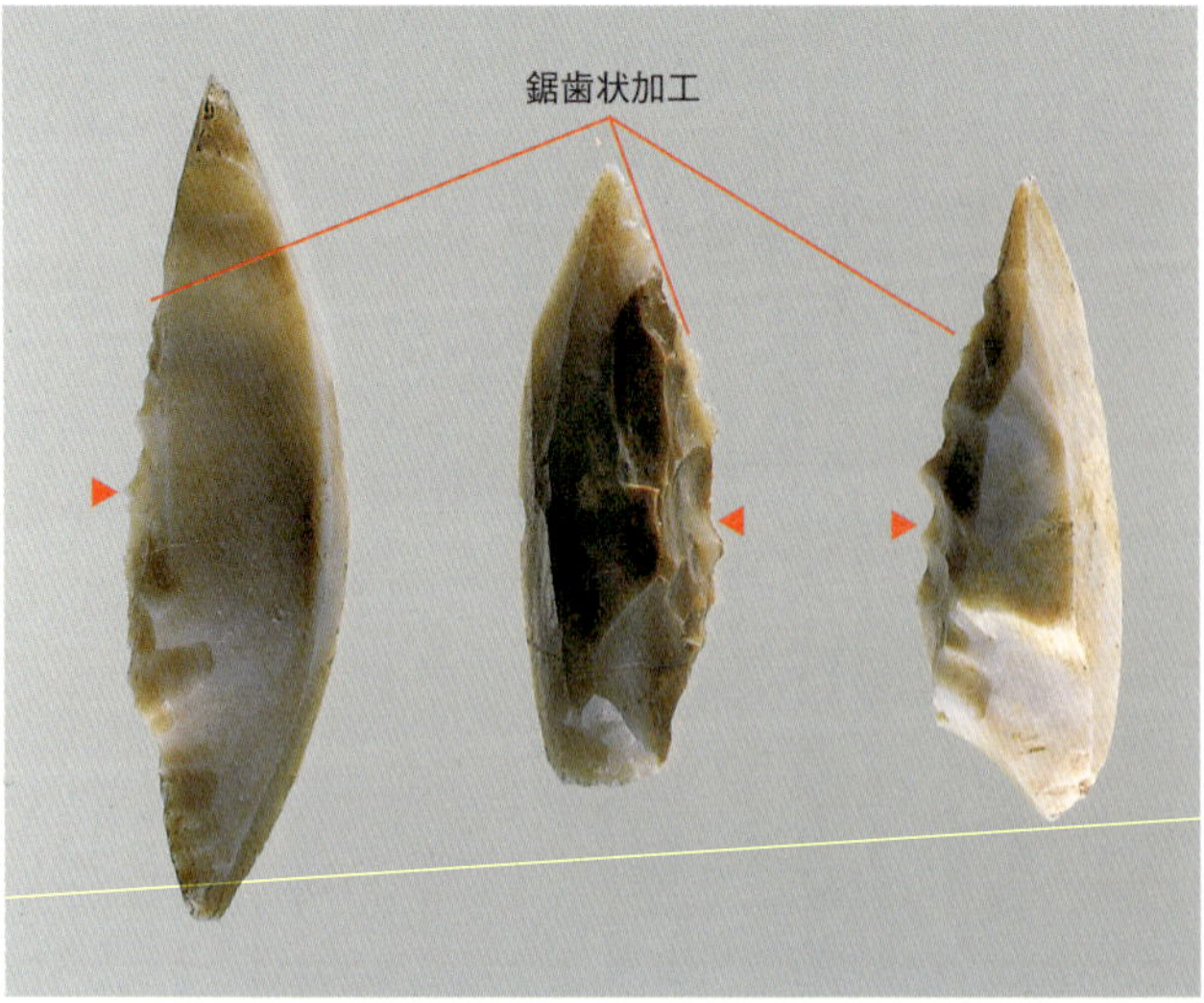

図 43 ● 変革期の石器
埼玉県殿山遺跡の国府型ナイフ形石器。横長剥片（打点▶が横にある）の利用と鋸歯状加工が特徴（左の長さ 6.7cm）。

れず、器体中央が幅広の分厚い、ごつい木葉形尖頭器が製作できる限界であった。それでは石槍の生命線である鋭い縁辺が形成されず致命的な結果だ。そこで同じような現象が石刃製石槍にも存在していることを思い出した。

両面調整石槍の「試作品」

石刃製石槍は、鋭い石刃縁辺と調整加工との交わりで鋭い先端が形成された。ただし、調整加工は刃潰し加工ともよばれ、鋭さを欠いた部分だ。鋭い石刃の縁辺が生命線だ。その刃部を分厚い両面体先端の片側に形成すれば問題は解決する。樋《ひ》状《じょう》剥離とよばれる面取り加工が先端部片側に施され、鋭利な縁辺が形成された。こうしてできた石刃製石槍と両面調整石槍の中間的なあり方を示す男女倉型有樋尖頭器は両面調整石槍の「試作品」といえる。

「試作品」の普及は、石槍の改革のたびにくり返

図 44 ● **栃木県上林遺跡の男女倉型有樋尖頭器**
各石器の左上の広い面が樋状剥離面。厚く側縁が不揃いなのが特徴。
左４点が黒曜石、右２点が珪質頁岩（左端の長さ 11.8cm）。

された製品の搬出入と同様に関東地方に製品でもたらされた。また、中型品の製作を企画していち早く黒曜石原石を搬入する製作や、チャートなどの在地石材利用による製作も開始していたらしい。しかし原材料不足は否めず、恒常的な使用は黒曜石原産地への頻繁な立ち入りを必要とした。

ところが歴史的事情は変化していた。時代は集団の移動領域の固定化により地域集団社会を形成する方向に動いていた。近在地における石材に適応した技術開発が要求された。そこで武蔵野台地ではチャート、相模野台地では細粒凝灰岩という在地石材に適応した発展型の石刃技法を再開発した。

砂川型ナイフ形石器・杉久保型ナイフ形石器

明治大学当時の戸沢充則《とざわみつのり》によって、埼玉県砂川遺跡の接合資料の分析から復元された「砂川型刃器技法」は、Ⅵ層段階にも増して計画的な石器素材生産を可能とした。約一万九〇〇〇年前の「砂川期」では、従来の製品の計画的製作と製品の持ち運びに加えて、整形軽減された石

図 45 ● 砂川型刃器技法
砂川遺跡の接合資料（左の長さ 13.8cm）。
左側の接合資料には礫面をもつ資料があるが石核がなく、右側の接合資料には礫面をもつ資料はないが石核がある。左側が石核の遺跡外への搬出を示し、右側が石核の遺跡外からの搬入を示す。

核を持ち運ぶことで、移動先の多様なニーズにも対処できるようになった（図45）。砂川型刃器技法から製作された石刃は、石刃製石槍以外に、切断用ナイフ、掻器、彫器、削器などの多様な工具の製作に利用された。

砂川型刃器技法で製作された「砂川型ナイフ形石器」は、側縁加工技術で尖鋭な先端と基部が整形された石刃製石槍である（図46）。ただし、Ⅵ層段階までの形態と異なる点は、尖鋭な基部を作り出す技術に両面調整技術が適用されている点である。それは部分的ではあるが、明らかに同時期に製作された両面調整石槍の代用品的あり方を示している。

一方、同時期の北信越地方では珪質頁岩に適応した発展型の小口型石刃技法を開発し、一稜石刃と狭長な二稜石刃を量産した。そして、それらの石刃から尖鋭な先端と基部が作り出された「杉久保《すぎくぼ》型ナイフ形石器」が出現した（図47）。その石刃製石槍は側縁加工を必要としない基部加工形態であるが、その基部加工にも両面調整技術が適用されていた。

尖鋭な先端と基部をあわせもった石刃製石槍の製作を、砂川型ナイフ形石器は石刃

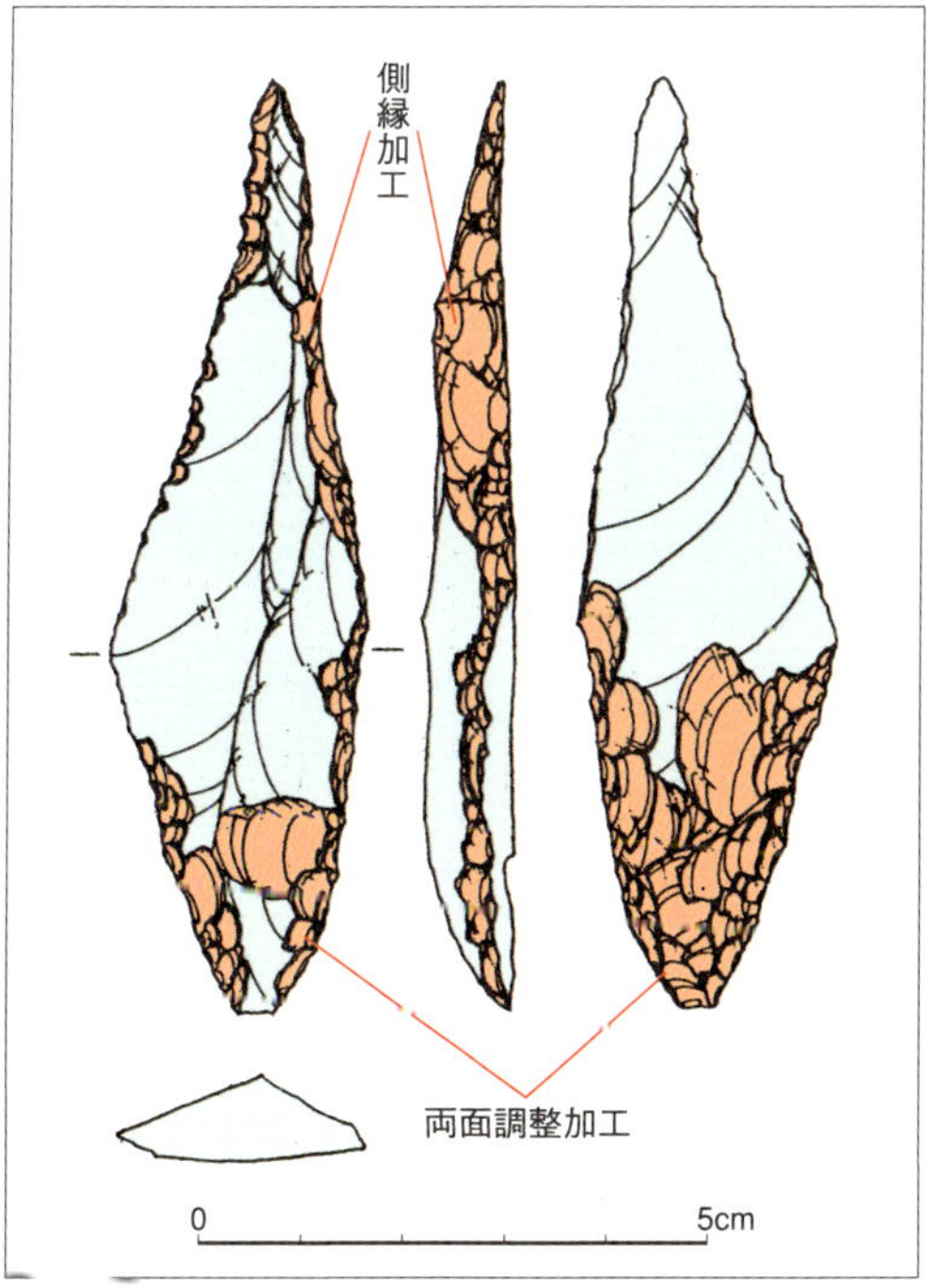

図46 ● 東京都廻沢北遺跡の砂川型ナイフ形石器
先端が側縁加工、基部が両面調整で整形された石刃製石槍。

の幅の広さから側縁加工で製作し、杉久保型ナイフ形石器では石刃の幅の狭さから基部加工で製作した。つまり、中部高地で両面調整石槍の試作品が製作された時、その両側に広がる関東地方と北信越地方では、地域の石材に適応した製作技術を駆使し、「型式」の異なる石槍を製作していたのである。

この地域色豊かな石器の登場は、地域社会が形成されたことを端的に物語るのである。

両面調整石槍の地域開発

さらに、関東地方の「砂川期」に確立した両面調整石槍は、地域社会のなかで独自の発展過程を示す。

「試作品」の男女倉型有樋尖頭器が地域外から製品として搬入されたのに対し、Ⅳ上層後半段階では、黒曜石原石の運搬にはじまる地域内での集中的な製作が開始される。その技術開発の方向は、前節でみた石刃製石槍と同様に石器の小型化である。ただし、両面調整技術は石材消費型であり、小型品といえどもより多くの原石が必要とされる。その対処法として開発されたのが、片面だけの調整や周辺だけ調整した石槍である。

図47 ● 新潟県上ノ平遺跡C地点の杉久保型ナイフ形石器
側縁加工を必要としない細身の石刃を素材とする点が特徴。
先端が平らなものは欠損品（左端の長さ8 cm）。

片面調整石槍は整形されるのが表面で、裏面は素材面のままである。周辺調整石槍はさらに限定され石器周辺のみを整形する（ただ、片面ではなく周辺の表裏面に施されるものが特徴的に存在する。さらに半両面調整石槍といった両面調整石槍との中間型や、素材縁辺を刃部として残す石刃製石槍との中間型が存在し、それぞれの製作技術は連続的である）。

素材は幅広の厚型・薄型剥片であるが、周辺調整石槍の素材には両面調整石槍の調整剥片が存在する（図48）。主体は中型・小型品であり、小型品には二、三センチという極小品が存在する。多様な素材に対処したあらわれだ。

一方、杉久保型ナイフ形石器に象徴される地域社会が形成されていた新潟県の真人原《まっとばら》遺跡、上新田《かみしんでん》B遺跡では、珪質頁岩を用いた地

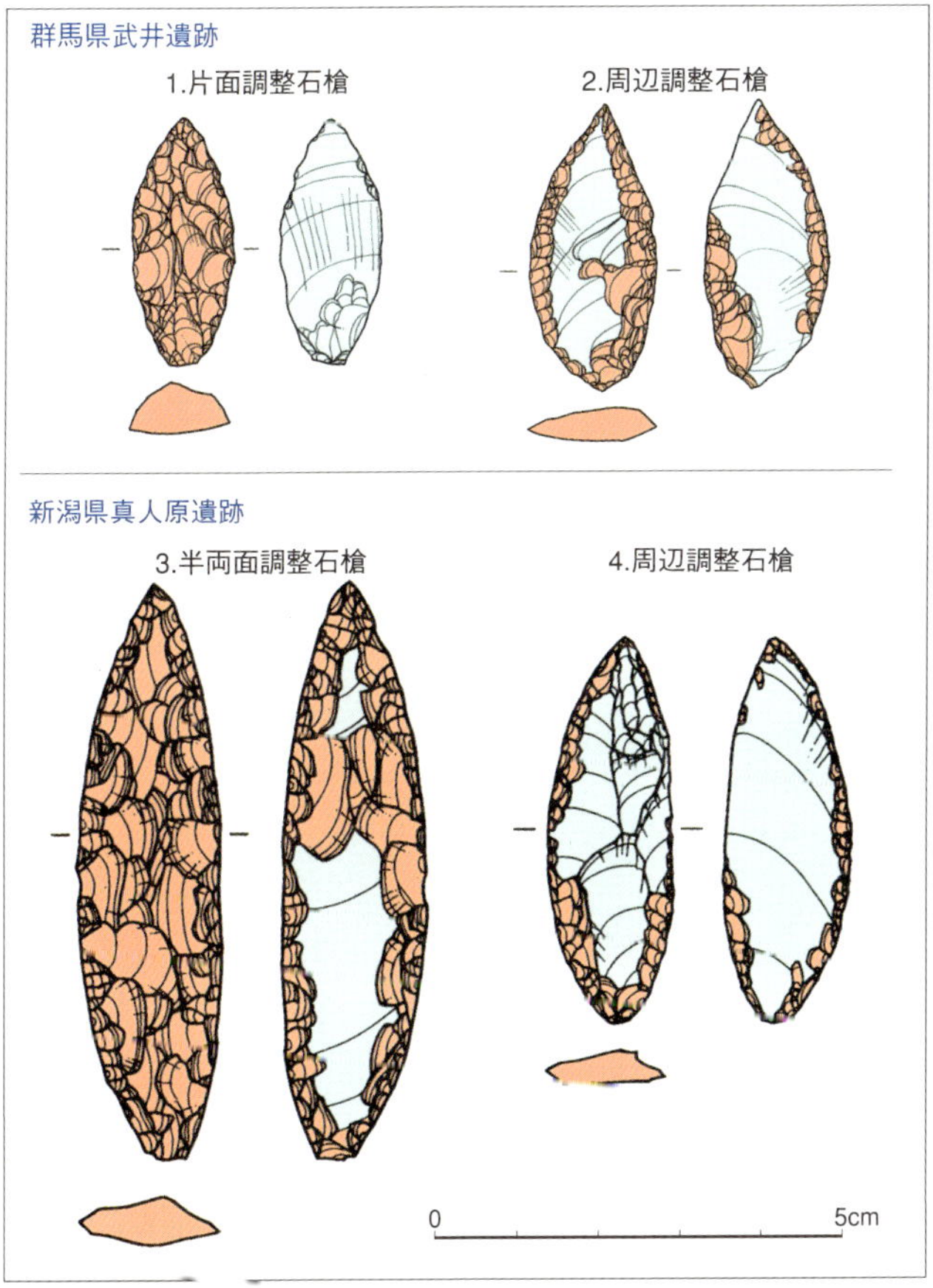

図48 ● **両面調整石槍の地域開発**
1・2：黒曜石の幅広剥片を素材とする。
3・4：珪質頁岩の石刃を素材とする。

域の伝統的技術を反映し、両面調整石槍には厚型石刃が、周辺調整石槍には薄型の石刃が用いられた（図48）。

　これらをすべて石槍とよび、同一機能と考えることには疑問が残るが、両面調整技術を受容し地域独自に開発した過程を知ることができる。そして、Ⅲ層段階には、黒曜石以外のより大型の原石を用い、中型品を主体とした両面調整石槍製作技術の完成をみる。

細石刃

　それでは、中型両面調整石槍から大型両面調整石槍への変化は、製作技術上の連続進化か。問題はそう単純ではなかった。相模野台地の変遷でみると、その中間に細石刃《さいせきじん》で製作された植刃槍《しょくじんやり》が存在するからである。

図 49 ● 新潟県荒屋遺跡の細石刃と細石刃核
最上段が細石刃核。➡が打面形成の剥離方向、⬇が細石刃の剥離方向。
下の 3 段が細石刃（細石刃の左上端の長さ 2.5cm）。

細石刃は、その名のとおり幅一センチ以下の小型石刃で、骨角あるいは木製尖頭器の鋭利な刃部を形成するために側縁に埋め込まれた部品である（図49）。細石刃技法には石刃技法型と両面調整技術型がある。相模野台地の細石刃技法は西南日本を分布域とする前者で、その出現は石刃技法との脈絡で考察しなければならないが、ここでは両面調整石槍に密接にかかわる両面調整技術型に課題をしぼろう。

押圧剥離と湧別技法

両面調整技術による細石刃技法は湧別《ゆうべつ》技法とよばれ、北海道、東北日本を分布域とする（図50）。木葉形に整えられた両面調整体を石核とすることが最大の特徴である。

まず、両面調整体の長い側縁を縦割りにし、平坦な打面を形成する（図49上段参照）。そして両面調整体の短い側縁から細石刃剥離を開始する。ここで重要なことは細石刃剥離が押圧剥離《おうあつはくり》でおこなわれている点である。押圧剥離とは、角製剥離具などを押し付けた圧力で剥がしとる方法である。

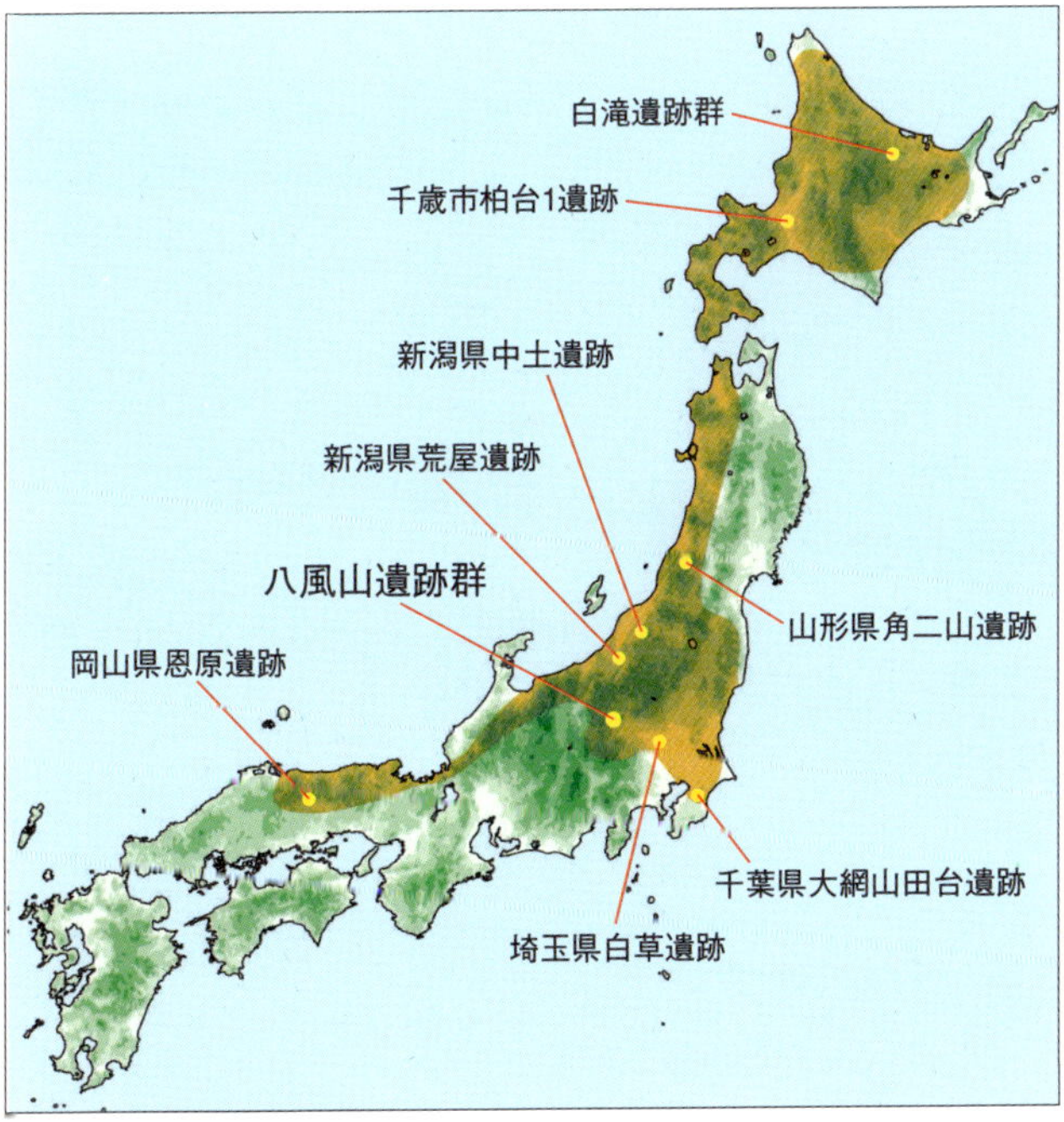

図50 ● 湧別技法の広がり
北海道から日本海沿岸、中部・関東におよぶ細石刃製作集団の遊動圏（茶色部分）が広がり、在地の石槍製作集団との接触が想定される。

押圧剥離技術は両面調整大型石槍の究極の製作技術であり、細石刃技法が見かけ以上に大型両面調整技術と密接な関係にあることのあらわれだ。また、細石刃を交換することによって刃部を再生することは、大型両面調整石槍の刃部再生と同質である。

石器としては小さな道具であるが、骨角製尖頭器（植刃器）を大型にすれば大型の道具となる。シベリアのチェルノアジョーリエⅡ遺跡では、細石刃を装着した三九センチの大型植刃槍（短剣）が発見されている（図51）。

湧別技法が北海道、東北地方に分布域を有すると記述したが、この点に関しては東アジアを含めたダイナミックなシナリオが描かれている。細石刃技術の出現はシベリアで後期旧石器時代初頭にさかのぼるとも考えられている。

北海道柏台《かしわだい》1遺跡の細石刃技法の出現年代は約二万年前にさかのぼることが確定した。そ

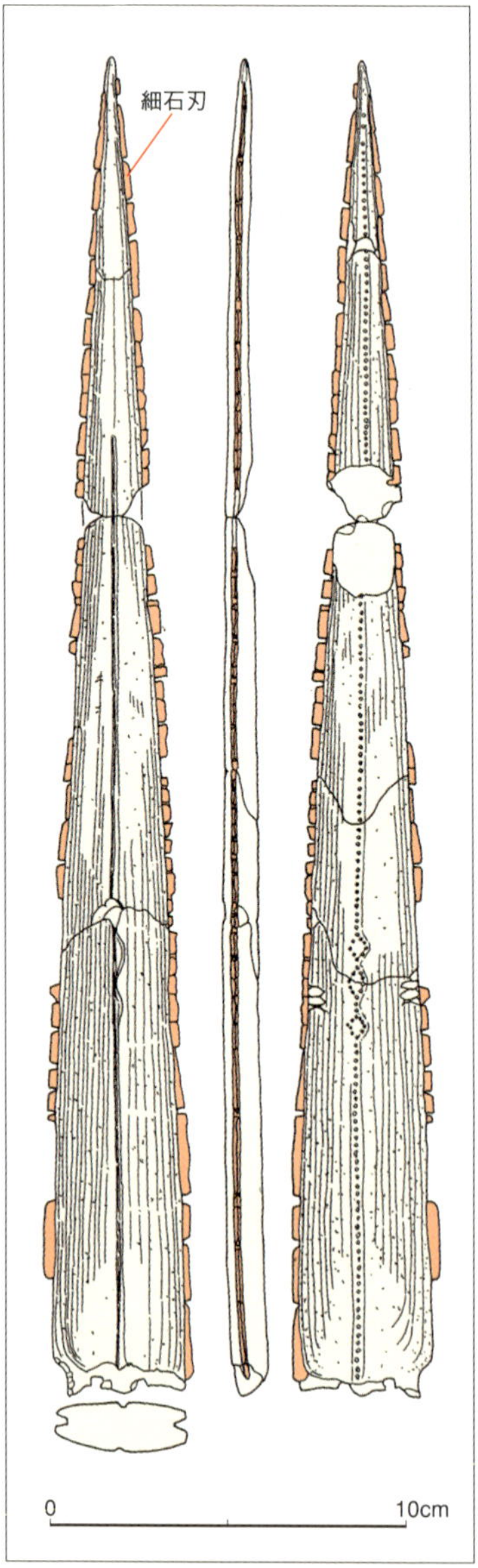

図51 ● シベリアの植刃槍
チェルノアジョーリエⅡ遺跡出土。これは骨製尖頭器で、左側縁に28個、右側縁に45個の珪岩製細石刃が埋め込まれている。

の出現は東シベリアから細石刃製作集団が北海道に移動してきた結果であり、一万四〇〇〇年前までに東北日本に広がった細石刃技法は、北海道の細石刃製作集団が津軽海峡を越えて南下した結果であると。そして、大型両面調整石槍は南下した集団との接触により在地の石槍製作集団が開発したというのが安斎正人の説である。

荒屋型彫器

湧別技法では、両面調整体を製作する過程で生じた調整剥片から「荒屋《あらや》型《がた》彫《ちょう》器《き》」という管理的な石器を製作した。

荒屋型彫器（図52）は、男女倉型有樋尖頭器の製作でみた樋状剥離で刃部が形成された石器である。それは、細石刃を埋め込む植刃器を製作した道具と考えられている。そして、樋状剥離をくり返すことによって、刃部再生が頻繁におこなわれ継続的に使用された石器である。

大型両面調整石槍の製作過程に便宜的石器の製作が含まれていることを指摘し

図52 ● 新潟県荒屋遺跡の荒屋型彫器
↓が樋状剥離方向と形成された刃部（右上端の長さ 6.6cm）。

たが、荒屋型彫器の製作を含む湧別技法には、それ以上に経済性を追求した技術革新をみることができる。

同じ分量の石材から得られる細石刃の生産効率は、刃部の長さで換算すると、石刃生産の一〇倍といわれている。大型道具の製作や交換可能の石器であるから、上記の点と合わせて、石材消費効率のもっとも高い、究極の石器製作技術といえよう。

その具体的事例として、東北地方の珪質頁岩を用いて湧別技法で製作された細石刃・荒屋型彫器が、千葉県の大網山田台遺跡などで発見されている。さらに岡山県恩原《おんばら》遺跡で湧別技法による細石刃石器群が発見され、そこで用いられた珪質頁岩が東北地方産であるという指摘がなされている。つまり湧別技法は広範囲・長期間にわたる石器製作を可能とした。

それではなぜ湧別技法はすべての地域で受容されなかったのか。その回答の一つは、珪質頁岩を代表とする良質な石材を必要としたからである。

図 53 ● **山形県八森遺跡の大型両面調整石槍**（左端の長さ 23cm）
一般的には湧別技法以降の石器群と考えられているが、今後の展開では。

大型両面調整石槍の出現背景

関東地方には、細石刃・荒屋型彫器を製作するための良質な珪質頁岩が存在していなかった。そこで、細石刃製作には不向きだが、大型両面調整石槍の製作を可能としたガラス質黒色安山岩に注目したのである。地域の石材環境に適した技術発展に組み替えたのである。後期旧石器時代の終わり、八風山原産地にふたたび製作遺跡が出現した背景がそこにある。

大型両面調整石槍の製作技術が湧別技法に劣るとしても、その経済性の高いことはこれまでに説明したとおりである。湧別技法が優れているとしても、地域を越えて石材を求めることは明らかに無駄な労力を要する。また、地域社会が形成されている段階で頻繁に地域を越えることは困難であったと思われる。

以上、大型両面調整石槍の出現背景には、新たに出現した技術をそのまま受け入れるのではなく、それぞれの地域がもつ資源に適した地域伝統にもとづく技術革命がみいだせるのである（図53）。そして、地域社会の発達は、新たな社会の仕組みとして財としての石槍を生み出したものと考えられる。

4　旧石器社会「革命」の本質

「石槍」に名称統一の意義

黒曜石剥片の切れ味は鋭く金属にも優る。石器は思いのほか、効力を発揮したことが実験で確かめられている。しかし、冒頭で述べたように、石刃製石槍から両面調整石槍への技術革新によって狩猟成果が格段に増加したとは考えられない。重要なのは、石器製作技術の革新によって生活様式と社会の仕組みが変革したことである。

遊動生活をしていた旧石器時代における石器製作上の改良点は、運搬効率の高い製作技術であり、いかに原石を経済的に消費するかという点に集約される。また、社会を維持・発展させるために集団で原石を共有・消費する技術の開発である。

これまで、旧石器社会は、「ナイフ形石器文化」「槍先形尖頭器文化」「細石刃文化」と段階的に発展したと説明されてきた。本書ではそれを「石槍」という名称で統一し、その製作技術相互の関係を検討してきた。

「石刃製石槍」とよびかえたナイフ形石器は、石刃の鋭い側縁を刃部として活用した点を特徴とする。つまり、刃物でありナイフの形であると。しかし、それが刃物であっても槍の穂先に使用された可能性がある。先端・基部が尖鋭な形態は、そのままで穂先として利用可能である。

ナイフ形石器という用語は、研究史的な意義から簡単にとりかえることができず、本書でも「砂川型ナイフ形石器・杉久保型ナイフ形石器」を使用した。また、ナイフ形石器にかえた石刃製石槍も適切な用語とは断言できない。しかし、ナイフ形石器という用語から、それが槍の穂先であったことを想定できる人は研究者以外には存在しないであろう。

さらに問題なのは、ナイフ形石器という石器分類の枠組みを「ナイフ形石器の文化」に置き換え、同様に、ナイフ形石器とは異なる石器分類の「槍先形尖頭器文化」「細石刃文化」の枠組みを用意して、それらを進化の象徴とした点である。

その発展の方向が入れかわることはないが、日本列島の各地域でいっせいに段階変化したわけではない。新たな技術革新は明確な時間枠をもち、文化を一つの方向に発展・進化させたわけではない。むしろ、地域を枠組みとしたモザイク状の変化を示した。

ナイフ形石器・槍先形尖頭器・細石刃という明確な分類にこだわるよりも、なぜ同じ石槍である石器が地域ごとに形を変えたのか。形の異なる石器に共通した歴史の変動を見抜く方法が必要とされるのである。「石槍革命」とはその研究方法の革命でもある。

資源の有効利用と共同消費

各地域には地域固有の石材環境があり、それに適した技術を開発した。革命的な技術が周辺部で生じても、そのまま受け入れるのではなく、地域の資源を枯渇させない有効な技術に組み替えた。それを可能としたのは、地域をこえる社会ネットワークとして、資源が特定地域集団で消費されることなく、地域集団間で共同消費できるシステムを同時に開発したからである。

旧石器社会の進化は、氷河期において激動した寒暖の環境変化を生き抜く技術革命であった。旧石器時代本来の「革命」とは「定住革命・新石器革命」であり、その後、幾多の「革命」を経て現代社会があるが、自らが引き起こした地球温暖化・環境変動をいかに生き抜くのか。地球規模の遊動生活社会である現代社会は、地域資源の活用法と共同消費の原則を誤ってはいないのか。旧石器社会の本質的「革命」にそれを学ぶべきである。

刊行にあたって

「遺跡には感動がある」。これが本企画のキーワードです。

あらためていうまでもなく、専門の研究者にとっては遺跡の発掘こそ考古学の基礎をなす基本的な手段です。また、はじめて考古学を学ぶ若い学生や一般の人びとにとって「遺跡は教室」です。

日本考古学では、もうかなり長期間にわたって、発掘・発見ブームが続いています。そして、毎年厖大な数の発掘調査報告書が、主として開発のための事前発掘を担当する埋蔵文化財行政機関や地方自治体などによって刊行されています。そこには専門研究者でさえ完全には把握できないほどの情報や記録が満ちあふれています。しかし、その遺跡の発掘によってどんな学問的成果が得られたのか、その遺跡やそこから出た文化財が古い時代の歴史を知るためにいかなる意義をもつのかなどといった点を、莫大な記述・記録の中から読みとることははなはだ困難です。ましてや、考古学に関心をもつ一般の社会人にとっては、刊行部数が少なく、数があっても高価なその報告書を手にすることすら、ほとんど困難といってよい状況です。

いま日本考古学は過多ともいえる資料と情報量の中で、考古学とはどんな学問か、また遺跡の発掘から何を求め、何を明らかにすべきかといった「哲学」と「指針」が必要な時期にいたっていると認識します。

本企画は「遺跡には感動がある」をキーワードとして、発掘の原点から考古学の本質を問い続ける試みとして、日本考古学が存続する限り、永く継続すべき企画と決意しています。いまや、考古学にすべての人びとの感動を引きつけることが、日本考古学の存立基盤を固めるために、欠かせない努力目標の一つです。必ずや研究者のみならず、多くの市民の共感をいただけるものと信じて疑いません。

監　修　戸沢　充則

編集委員　石川日出志　小野　正敏

勅使河原彰　佐々木憲一

著者紹介

須藤隆司（すとう・たかし）

1958年群馬県高崎市生まれ。明治大学大学院文学研究科修士課程修了。
明治大学考古学博物館を経て、現在、長野県佐久市教育委員会文化財課。
本書に関連する著作
『ガラス質黒色安山岩原産地遺跡　八風山遺跡群』佐久市教育委員会
「基部着柄尖頭具としてのナイフ形石器」『旧石器研究』第1号
「杉久保型・砂川型ナイフ形石器と男女倉型有樋尖頭器」『考古学Ⅲ』
「大型石槍製作の歴史的見方」『長野県考古学会誌』107

写真提供

浅間縄文ミュージアム：図1
佐久市教育委員会：図4上、5、6、7、8、10、11、12、14、15、17、18、26、31
長野県立歴史館：図3右（小川忠博撮影）、25
印旛郡市文化財センター：図16
群馬県教育委員会：図22
神奈川県教育委員会：図30
林茂樹：図33、34（左）、35
千曲川水系古代文化研究所：図34（唐沢B）
世田谷区立郷土資料館：図40、41
上尾市教育委員会：図43（小川忠博撮影）
佐野市教育委員会：図44
明治大学博物館：図45、49、52
新潟県教育委員会：図47
酒田市教育委員会：図53
上記以外は著者

シリーズ「遺跡を学ぶ」025

石槍革命・八風山《はっぷうさん》遺跡群

2006年 3月31日　第1版第1刷発行

著　者＝須藤隆司

発行者＝株式会社 新 泉 社
東京都文京区本郷2-5-12
振替・00170-4-160936番　TEL03(3815)1662／FAX03(3815)1422
印刷／太平印刷社　製本／榎本製本

ISBN4-7877-0635-7　C1021

シリーズ「遺跡を学ぶ」(第Ⅰ期・全30巻　毎月1冊刊行)

001	北辺の海の民・モヨロ貝塚	米村　衛
002	天下布武の城・安土城	木戸雅寿
003	古墳時代の地域社会復元・三ツ寺Ⅰ遺跡	若狭　徹
004	原始集落を掘る・尖石遺跡	勅使河原彰
005	世界をリードした磁器窯・肥前窯	大橋康二
006	五千年におよぶムラ・平出遺跡	小林康男
007	豊饒の海の縄文文化・曽畑貝塚	木﨑康弘
008	未盗掘石室の発見・雪野山古墳	佐々木憲一
009	氷河期を生き抜いた狩人・矢出川遺跡	堤　隆
010	描かれた黄泉の世界・王塚古墳	柳沢一男
011	江戸のミクロコスモス・加賀藩江戸屋敷	追川吉生
012	北の黒曜石の道・白滝遺跡群	木村英明
013	古代祭祀とシルクロードの終着地・沖ノ島	弓場紀知
014	黒潮を渡った黒曜石・見高段間遺跡	池谷信之
015	縄文のイエとムラの風景・御所野遺跡	高田和徳
016	鉄剣銘一一五文字の謎に迫る・埼玉古墳群	高橋一夫
017	石にこめた縄文人の祈り・大湯環状列石	秋元信夫
018	土器製塩の島・喜兵衛島製塩遺跡と古墳	近藤義郎
019	縄文の社会構造をのぞく・姥山貝塚	堀越正行
020	大仏造立の都・紫香楽宮	小笠原好彦
021	律令国家の対蝦夷政策・相馬の製鉄遺跡群	飯村　均
022	筑紫政権からヤマト政権へ・豊前石塚山古墳	長嶺正秀
023	弥生実年代と都市論のゆくえ・池上曽根遺跡	秋山浩三
024	最古の王墓・吉武高木遺跡	常松幹雄
別冊01	黒耀石の原産地を探る・鷹山遺跡群	黒耀石体験ミュージアム

A5判／96頁／定価1500円＋税